兰州大学中亚研究所 / 主办

杨 恕 / 主编

中亚研究

（第八辑）

CENTRAL
ASIAN
STUDIES

中国社会科学出版社

图书在版编目（CIP）数据

中亚研究. 第八辑 / 杨恕主编. —北京：中国社会科学出版社，2022.12
ISBN 978-7-5227-1197-3

Ⅰ.①中… Ⅱ.①杨… Ⅲ.①中亚—研究 Ⅳ.①D736

中国版本图书馆CIP数据核字（2022）第254260号

出 版 人	赵剑英
责任编辑	赵　丽
责任校对	王　龙
责任印制	王　超

出　　版	中国社会科学出版社
社　　址	北京鼓楼西大街甲158号
邮　　编	100720
网　　址	http://www.csspw.cn
发 行 部	010-84083685
门 市 部	010-84029450
经　　销	新华书店及其他书店
印　　刷	北京明恒达印务有限公司
装　　订	廊坊市广阳区广增装订厂
版　　次	2022年12月第1版
印　　次	2022年12月第1次印刷
开　　本	710×1000　1/16
印　　张	11.5
字　　数	161千字
定　　价	66.00元

凡购买中国社会科学出版社图书，如有质量问题请与本社营销中心联系调换
电话：010-84083683
版权所有　侵权必究

编 委 会

主办单位	兰州大学中亚研究所
主　　编	杨 恕
副 主 编	汪金国
编 委 会	陈小鼎　焦一强　李　捷　李永全　赖晨野 潘志平　孙壮志　王四海　汪金国　杨　恕 赵常庆　赵华胜　朱永彪　张宏莉　曾向红 周　明
编辑部主任	韦进深
编辑部成员	曹　伟　陈亚州　靳晓哲　李益斌　宁　彧 孙秀文　韦进深　王婷婷　张玉艳　张维维

出版：中国社会科学出版社
编辑：兰州大学中亚研究所
地址：兰州市天水南路 222 号兰州大学中亚研究所
邮编：730000，邮箱：zhongyayanjiu@sohu.com

目 录

地区研究

中亚地区的宗教极端主义威胁及对中国安全的影响研究

廖成梅 / 3

里海油气管道建设：动因、现状与展望

涂亦楠 / 27

国别研究

哈萨克斯坦新型爱国主义：基础、路径及影响

韦进深　李芳玲 / 45

"哈核问题"与纳扎尔巴耶夫"理性弃核外交"研究

王凯华 / 62

大国与中亚

美国在中亚实施的地方分权项目评析

张　霞 / 89

浅析俄罗斯与塔吉克斯坦双边关系的不对称性

　　　　　　　　　　　　　　　　　　　　　　　梁朕朋 / 107

非传统安全

域外国家对中亚跨界水资源问题的介入及影响

　　　　　　　　　　　　　　　　　　　高婉妮　朱源 / 121

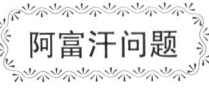
阿富汗问题

软实力视野下印度对阿富汗的发展及援助

　　　　　　　　　　　　　　　　　　　　　　　胡　勇 / 147

《中亚研究》约稿启事　　　　　　　　　　　　　　　 / 175

《中亚研究》引文注释规范　　　　　　　　　　　　　 / 178

【地区研究】

中亚地区的宗教极端主义威胁及对中国安全的影响研究[*]

廖成梅[**]

摘要：近些年，在中亚五国都呈现出宗教极端势力活动扩散和蔓延的趋势。中亚地区不仅与中国接壤，而且与中国新疆地区还存在多个跨境民族及相同的宗教信仰，中亚地区宗教极端主义威胁持续复杂化对中国领土安全、反恐安全、经济安全、意识形态安全都会带来不利影响。未来中国去极端化工作的重点包括：进一步加强网络监管，减少宗教极端主义的网络传播；完善中国的宗教政策及宗教领域立法，提高官方宗教人员及民众的宗教知识水平；加强和完善对移民、学校、监狱等部门的管理；在上海合作组织框架内强化和落实与中亚国家打击宗教极端主义活动的合作等。

关键词：中亚；宗教极端主义；安全；威胁

宗教极端主义问题现在已成为世界许多国家面临的安全威胁，其中中亚地区的哈萨克斯坦、吉尔吉斯斯坦、乌兹别克斯坦、塔吉克斯坦、土库曼斯坦五个国家目前也面临宗教极端主义影响扩散的问题。

---

[*] 本文是2020年新疆维吾尔自治区社会科学基金一般项目"宗教极端主义对中亚国家的渗透及对丝绸之路核心区建设的影响"（项目批准号：20BGJ107）的阶段性成果。

[**] 廖成梅，新疆大学政治与公共管理学院，国家安全研究省部共建协同创新中心，830047，博士，教授，硕士生导师，研究方向（中亚社会政治发展）。

这不仅严重威胁到中亚地区国家自身的稳定，还威胁到与其相邻国家的安全，其中包括中国。研究宗教极端主义威胁在中亚地区五个国家的演变态势，对于中国维护西部安全、打击宗教极端主义威胁具有很强的现实意义。

一 中亚地区宗教极端主义威胁态势

独立后初期，由于伊斯兰教在中亚的复兴，中亚地区对外开放程度的提高以及中亚各国当局初期对宗教的管控不严，导致大量的宗教极端主义思潮、组织和人员进入中亚地区，同时，独立后初期各国面临的经济持续下滑以及由此引发的一系列社会问题为宗教极端主义在中亚地区落地生根并为其快速蔓延提供了土壤。

（一）哈萨克斯坦宗教极端主义威胁演变过程及特点

独立以后，哈萨克斯坦的宗教极端主义威胁与中亚其他国家相比并不严重，但近些年来也呈现出逐渐恶化的趋势。2016年6月在哈萨克斯坦西部城市阿克托别和7月在哈萨克斯坦原首都阿拉木图市发生的恐怖袭击事件对很多人来说既意外、又震惊，因为哈萨克斯坦一直被认为是中亚地区国内局势相对来说最和平稳定的国家。哈萨克斯坦宗教极端主义威胁的演进具有以下阶段性特点。

1. 独立后初期，宗教极端主义威胁影响弱

1997—1999年，乌兹别克斯坦、吉尔吉斯斯坦和塔吉克斯坦发生多起恐怖极端事件。面对周边中亚国家宗教极端主义威胁严峻的态势，哈萨克斯坦在这一时期认为本国不存在宗教极端主义威胁。例如，20世纪90年代，哈萨克斯坦有学者在研究中指出：在哈萨克斯坦没有必要在社会生活中推行伊斯兰规则和建立神权政治的政党或

组织。① 经济稳定（中亚国家约三分之二的国民生产总值来自哈萨克斯坦），苏联时期较高程度的社会现代化，存在大量的俄语居民，哈萨克人中伊斯兰教传播的历史传统等是这一时期宗教极端主义威胁对哈萨克斯坦影响不大的主要原因。

2. 20 世纪 90 年代后期至 21 世纪初期，宗教极端主义威胁主要来自境外

到了 20 世纪 90 年代后期，哈萨克斯坦开始认为国内存在宗教极端主义威胁，但主要来自于国际和地区环境的影响。1999 年 10 月，哈萨克斯坦国家安全委员会主席穆萨耶夫发表讲话时指出，当前在哈萨克斯坦的确存在宗教极端势力活动，而且形势正在逐年变得严峻。② 纳扎尔巴耶夫总统也承认哈萨克斯坦面临来自于欧亚近邻的宗教极端主义威胁。③ 哈萨克斯坦总统战略研究所主任叶尔兰·卡林指出，20 世纪 90 年代后期至 21 世纪初期哈萨克斯坦的恐怖极端威胁主要来自北高加索地区以及乌兹别克斯坦等国家的恐怖极端分子。

3. 21 世纪初期—2011 年，宗教极端主义威胁本土化

21 世纪初期，宗教极端组织对哈萨克斯坦本国公民的招募问题凸显。在哈萨克斯坦出现许多非法活动的宗教团体，这类团体的总数量一度达到 579 个。这一时期经常发生哈萨克斯坦公民在后苏联国家境内以及遥远的中东国家参与恐怖极端活动的事件。例如，2004 年春夏期间，有哈萨克斯坦公民加入的"中亚圣战组织"（Жамаат моджахедов Центральной Азии）在邻国乌兹别克斯坦实施了一系列恐怖袭击。2007 年，哈萨克斯坦教育部和科学部在阿拉木图市和奇姆

---

① Султангалиева А. "Эволюция Ислама в Казахстане." http：//www. ca - c. org/journal/cac - 05 - 1999/st_ 06_ sultangal. shtml，访问时间：2021 年 3 月 3 日。
② 中国现代国际关系研究院：《周边地区民族宗教问题透视》，时事出版社 2002 年版，第 77 页。
③ Назарбаев Н. А. "Критическое Десятилетие." http：//www. akorda. kz/files/kritih_ desetiletie_ rus. pdf，访问时间：2021 年 2 月 15 日。

肯特市的大学生中进行的一次社会调查表明，在250人中，有三分之一的人认为，近十年来宗教极端团体在哈萨克斯坦积极进行活动，八分之一的人表示遇到过通过网络和在人群聚集地散发传单宣传宗教极端思想。[①] 这一时期在哈萨克斯坦境内因参与极端主义和恐怖主义活动被追究刑事责任的本国公民数量开始增加。

4. 2011年至今，出现一波针对国家强力部门的恐怖极端活动浪潮

2011年成为转折点，这一年在哈萨克斯坦不同地区发生了多起有组织袭击执法机关的自杀式爆炸事件以及强力部门和恐怖分子之间的流血事件。2011年10月底，在阿特劳市发生两次爆炸后，哈萨克斯坦首次正式承认国家面临恐怖极端主义的安全威胁。2012年，哈萨克斯坦专家在"2011—2012年哈萨克斯坦的恐怖主义"报告中指出，在哈萨克斯坦国内的恐怖极端主义潜伏期结束之后，不久将出现新的、更强的恐怖极端活动浪潮。不幸的是，上述预言已成为现实。2016年6月和7月，在哈萨克斯坦西部城市阿克托别和原首都阿拉木图市先后发生恐怖袭击事件。阿拉木图市甚至连续数天发布恐怖主义威胁黄色预警信号。2017年1月31日，哈萨克斯坦副总检察长安德烈·克拉夫琴科指出，最近五年在哈萨克斯坦共发生了9起恐怖袭击事件，大约80%的年轻人是通过互联网招募加入恐怖分子队伍的。

社会、经济危机是导致这一时期哈萨克斯坦恐怖极端主义威胁增长的重要原因。经济危机主要是由于石油收入大幅度缩减导致哈萨克斯坦货币汇率下跌，物价上涨，国家社会支出削减。社会危机主要表现为社会紧张事件的增加。哈萨克斯坦的南部和西部地区是宗教极端主义散播的两个主要地区。哈萨克斯坦南部地区在社会传统上受伊斯兰教影响很深，伴随着伊斯兰教在该地区的复兴，出现了萨拉菲派等非传统的伊斯兰派别。近年来，哈萨克斯坦西部宗教极端主义威胁的

---

① Нафинал А. "Прививка от Религиозного Экстремизма." *Известия – Казахстан*, 31 мая 2007 года.

形势也日益复杂。该地区是包括移民（尤其是从其他国家回到哈萨克斯坦的哈萨克族）在内的社会边缘群体集中的地方。2016年4月24日至5月底，在哈萨克斯坦的西部城市阿特劳、阿克托别和色梅发生多起抗议事件。由于恐怖极端主义威胁具有长期性，未来在哈萨克斯坦极端主义威胁可能呈现波浪式的爆发。

（二）吉尔吉斯斯坦宗教极端主义威胁演变态势及特点

自吉尔吉斯斯坦独立以来，宗教极端势力在该国的活动以及扩散一直是吉尔吉斯斯坦社会发展和国家安全稳定面临的困境和难题，并在20世纪90年代后期达到了高峰。"9·11事件"之后，在国际反恐的背景之下，吉尔吉斯斯坦对国家境内的宗教极端势力也进行了打击，使得吉尔吉斯斯坦宗教极端组织的活动平静了一个时期。近些年来，在国际恐怖极端势力重新整合的大背景下，吉尔吉斯斯坦又出现了宗教极端势力活动抬头的趋势。独立至今，吉尔吉斯斯坦宗教极端主义威胁的演变态势呈现出以下特点。

1. 不断出现新的恐怖极端组织

独立后，吉尔吉斯斯坦境内不断出现各类恐怖极端组织，既包括吉尔吉斯斯坦法院明令禁止在吉境内活动的恐怖极端组织，也包括一些没有进行最终法律认定的恐怖极端组织。

从2003年起至2018年7月，吉尔吉斯斯坦宣布禁止"伊扎布特""东突伊斯兰运动""东突解放组织""乌兹别克斯坦伊斯兰运动""基地组织""塔利班运动""伊斯兰圣战联盟""库尔德人民大会""安萨尔联盟"（Ансаруллох）、"统一教会"（Церковь объединения）、"准特哈里发"（Джундь - аль Халифат）、"扎伊舒里—马赫迪"（Жайшуль Махди）、"阿特 - 塔克菲尔瓦里黑加拉"（Ат - Такфир Валь - Хиджра）、"阿克罗米亚"（Акромия）、"提霍米罗夫宣传资料和活动"（Агитационно - пропагандистские материалы и пропагандисткая деятельность Тихомирова А. А. – Саида Бурятского）、"伊斯兰国"、"伊玛目布哈拉营"（Катибат аль – Имам аль – Бухари）、"天堂崇拜者"（Жаннат Ошиклари）、"扎布哈特—努斯拉"（Джабхат ан – Нусра）、"一神教和圣战军"（Джамаат ат – Таухид валь – Джихад）、"亚肯 – 英卡尔"（Йакын – Инкар）21 个恐怖极端组织在其国内活动，其中大部分是伊斯兰恐怖极端组织。①

"塔布里·扎马特"运动（Tablighi Jamaat）是吉尔吉斯斯坦境内还未被禁止活动的宗教极端组织的主要代表。目前，该组织在许多前苏联国家内都被禁止活动。例如，俄罗斯最高法院确定，"塔布里·扎马特"运动在俄罗斯分支机构的活动不仅会威胁到民族之间和宗教之间的和谐，还会威胁到俄罗斯的领土完整。哈萨克斯坦、塔吉克斯坦、乌兹别克斯坦和土库曼斯坦认为"塔布里·扎马特"活动对国家安全存在潜在威胁，因此也禁止其在本国活动。与俄罗斯和中亚其他国家不同，不论是在世俗人士和宗教人士之间，还是在官方人士之间，对"塔布里·扎马特"运动的性质直到目前在吉尔吉斯斯坦，仍然存在争议。在吉尔吉斯斯坦目前未禁止"塔布里·扎马特"的存在，该运动在吉尔吉斯斯坦合法开展活动，影响力仍在持续扩大中。"塔布里·扎马特"的目标是在吉尔吉斯斯坦建立伊斯兰神权制度，但在其活动的形式上持不干涉政治的策略，主要是传教和宣传。因此该国在把这一组织认定为极端组织的过程中面临很大困难。随着吉尔吉斯斯坦宗教极端主义威胁的加剧，未来在该国活动的恐怖极端组织可能还会增加。

2. 参加人员日益增加且多元化

在吉尔吉斯斯坦，宗教极端组织的支持者人数不断增加。1999年，执法机关登记有 185 人参与"伊扎布特"的活动，到 2003 年这一

---

① "Список Организаций Деятельность Которых Запрещена на Территории Кыргызской Республики." http：//religion.gov.kg/ru/relgion_ organization/，访问时间：2021 年 4 月 9 日。

数据已达到1522人。① 2014年9月，大约有100多名吉尔吉斯斯坦人被恐怖极端组织"伊斯兰国"招募。到2015年11月，有500多名吉尔吉斯斯坦公民在叙利亚和伊拉克为"伊斯兰国"效力。② 在吉尔吉斯斯坦大约有2000多名"塔布里·扎马特"宣教者，但是奥什州的伊斯兰教法执行官卡雷科夫认为，目前吉尔吉斯斯坦"塔布里·扎马特"运动成员大约为10000人。

在吉尔吉斯斯坦，受宗教极端主义影响的人员身份构成呈现多样化的特点。从参与人员职业来看，在吉尔吉斯斯坦参加各类宗教极端组织活动的人员大部分是生活困难的失业人员，但是也有军队以及强力部门人员、衣食无忧的商人以及受过良好教育的知识分子。"伊扎布特"特别关注高学历阶层，从中挑选新成员，例如记者、学者、律师等。③ 从性别上来说，在吉尔吉斯斯坦妇女参加极端主义活动的趋势明显加强。2005年，吉尔吉斯斯坦女性实施极端主义犯罪的比例为1.1%，到2016年该数字上升至25%。④ 近些年来，在吉尔吉斯斯坦"塔布里·扎马特"的活动中可以明显观察到吸纳女性加入其行列的趋势，目的是建立该运动中所谓的妇女基层组织，即妇女宣教团（мастура джамаат）。从年龄上来看，参与人员主要是年轻人。2016年，在吉尔吉斯斯坦进行的关于宗教形势的问卷调查中，1039人（占问卷者的87.6%）指出，最容易受到极端主义影响的年龄群体是年轻人。

---

① Омаров Е. "Исламская Альтернатива Светскому Кыргызстану." *Агентство Политических Новостей － Казахстан*, 08. сентября. 2006 года.

② Arthur Medetbekov, "Leaders of ISIL Allocated More Than $ 70 Mln for Mass Demonstrations and Terrorist Acts in Central Asia." http：//www. eng. 24. kg/news－stall/178166－news. 24. html., 访问时间：2021年2月24日。

③ T. Айткеев: "Сотрудники УВД по Джалалабадской Области Пополняют Ряды Религиозных Экстремистов." http：//www. centrasia. ru/newsA. php? st=1379525400, 访问时间：2021年4月3日。

④ "Экстремизм в Кыргызстане Всё Больше Приобретает Женское Лицо." http：//inoz-press. kg/news/view/id/52493, 访问时间：2021年1月7日。

3. 活动方式更多元化

吉尔吉斯斯坦宗教极端组织的活动以和平方式为主，主要包括传教人员的口头宣教、通过印刷品进行的宣传及网络宣传等。在20世纪90年代中期，"伊扎布特"主要通过解决民众的日常生活和社会问题，解决居住市政问题，花费资金购买食物和衣服，提供小额无息贷款的方式进行宣传。到了21世纪初，"伊扎布特"开始同各种非政府组织以及媒体互动。该组织通过向媒体、国际组织发布声明或者投诉执法机关及其工作人员的方式，在保护人权的借口下营造"伊扎布特"成员由于宗教信仰被政府迫害的假象。此外，该组织还开展了诋毁国家领导人、穆斯林宗教管理局主管领导以及反对极端主义活动的社会政治家的活动。近年来，网络空间成为宗教极端组织招募人员以及传播极端思想的便捷平台。吉尔吉斯斯坦就有本国国民通过社交网站与朋友、妻子、亲戚联系，用钱诱骗招募同胞前往叙利亚。

同时，近些年来在吉尔吉斯斯坦宗教极端组织的活动也呈现出暴力化的趋势。一些恐怖极端组织在吉尔吉斯斯坦境内公开从事恐怖活动。例如，成立于2007年，从2010年开始积极活动的"吉尔吉斯斯坦马赫迪军"（Жамаат Кыргызстана Жайшуль Махди）在吉尔吉斯斯坦各城市和地区实施了一系列恐怖活动，包括爆炸、袭击执法部门工作人员、抢劫等。2016年8月30日，恐怖极端组织在吉尔吉斯斯坦首都比什凯克发动了针对中国大使馆的恐怖袭击。

4. 活动范围扩大

在吉尔吉斯斯坦，宗教极端主义活动传统上主要集中在南部地区，但是目前极端组织正积极向吉尔吉斯斯坦北部传播自己的思想。"伊扎布特"被吉尔吉斯斯坦政府认为是对吉尔吉斯斯坦造成最大安全威胁的宗教极端组织。从1995年起，该组织开始在吉尔吉斯斯坦活动。该组织最初大约95%的支持者只是在吉尔吉斯斯坦南部的卡拉苏、乌兹根、奥什、贾拉拉巴德、巴特肯等地积极活动，在民众中积极进行宣传、招募和培训新成员。目前，该组织的活动频繁出现于该国其他地区，例如比什凯克市、那伦州和伊塞克湖州。目前，"伊扎布特"的宣传书籍、音像制品在吉尔吉斯斯坦的所有州进行散播。

（三）塔吉克斯坦宗教极端主义威胁的演变过程及特点

近些年来，塔吉克斯坦一直是中亚地区国家中恐怖主义威胁较高的国家。在2017年11月伦敦经济与和平研究所公布的2017全球恐怖主义指数（Global Terrorism Index）排行榜中，塔吉克斯坦排在第72位（2.427），位居中亚地区国家第二位。塔吉克斯坦宗教极端主义威胁的发展具有以下特点。

1. 禁止活动的恐怖极端组织数量不断增加

2006年3月，塔吉克斯坦最高法院依法禁止"基地组织""穆斯林兄弟会""塔利班运动""塔布里·扎马特""东突厥斯坦伊斯兰党""乌兹别克斯坦伊斯兰运动""真主旅""自由塔吉克斯坦"在塔境内活动。2008年3月，塔吉克斯坦最高法院宣布"伊扎布特"为极端组织。2015年5月28日，塔吉克斯坦最高法院通过决议，将"伊斯兰国"列为恐怖组织，禁止其在境内活动。2015年9月29日，塔吉克斯坦宣布塔吉克斯坦伊斯兰复兴党为恐怖极端组织，禁止其活动。

2. 恐怖极端组织招募的人数不断上升

各恐怖极端组织积极招募塔吉克斯坦公民加入其队伍。2014年10月21日，据中亚网报道，有200多名塔吉克斯坦人在叙利亚恐怖极端组织队伍中作战。2015年1月，国际危机组织智库认为约有200—500名塔吉克斯坦人加入了"伊斯兰国"。2015年12月初，塔吉克斯坦安全机关发布资料称，有700多名塔吉克斯坦人加入在伊拉克和叙利亚的"伊斯兰国"组织。① 根据塔吉克斯坦总检察院2016年3月公布的

---

① "В Таджикистане Семеро Лоботрясов Осуждены за Вывешивание Флага ИГ."http://www.centrasia.ru/newsA.php？st=1449253860，访问时间：2020年12月9日。

数据，在叙利亚和伊拉克"伊斯兰国"组织队伍中约有 1100 名塔吉克斯坦公民。① 根据苏凡集团 2017 年 10 月报告中的数据，前往叙利亚和伊拉克参加"伊斯兰国"的塔吉克斯坦公民约为 1300 人。另外，根据位于荷兰的国际反恐中心的数据，从 2015 年 12 月至 2016 年 11 月 30 日期间，在叙利亚和伊拉克进行自杀式炸弹袭击的外籍人员共有 186 人，来自塔吉克斯坦的人员位列"伊斯兰国"自杀式武装人员名单之首，共有 28 人。②

3. 被招募人员中以年轻人为主

2016 年 11 月，塔吉克斯坦内务部公布了一份参与"伊斯兰国"军事行动的塔吉克斯坦人员名单，其中 20—29 岁年龄区间的人数最多，比例约为 62%，由此可见，塔吉克斯坦参与"伊斯兰国"的人员大多数是年轻人。

4. 恐怖极端组织利用互联网进行宣传和招募的威胁增加

通过对塔吉克斯坦信息领域的分析，发现利用互联网传播恐怖极端思想和招募人员的规模在扩大。2016 年 9 月，俄罗斯南奥塞梯情报部门抓获了一名塔吉克斯坦公民乌马尔德若恩·伊斯莫诺夫，他涉嫌招募中亚劳务工人参加"伊斯兰国"。他主要通过南奥塞梯"Megafon"手机移动网络以及"ZELLO"互联网服务，宣传"伊斯兰国"的思想。目前在该国大约有 300 多万互联网用户，其中超过 80% 的用户曾通过社交网络浏览过具有极端主义内容的材料。

（四）乌兹别克斯坦宗教极端主义威胁的演变过程及特点

乌兹别克斯坦宗教极端主义威胁的演变大致可以分为两个阶段，

---

① "Генпрокурор: Основная Часть Воюющих в Рядах ИГ Граждан Таджикистана - Салафиты." http://www.avesta.tj/security/39360 - genprokuror - osnovnaya - chast - voyuyuschih - v - ryadah - ig - grazhdan - tadzhikistana - salafity.html，访问时间：2021 年 3 月 9 日。

② "Выходцы из Таджикистана Лидируют по Количеству Боевиков - Смертников ИГ в Сирии и Ираке." http://avesta.tj/2017/03/07/vyhodtsy - iz - tadzhikistana - lidiruyut - po - kolichestvu - boevikov - smertnikov - ig - v - sirii - i - irake/，访问时间：2020 年 12 月 15 日。

每个阶段都具有自己的特点。

1. 20 世纪 90 年代，宗教极端主义威胁形势逐渐恶化

由于乌兹别克斯坦政府对替代苏联意识形态的伊斯兰教实行不干涉和自由主义政策，导致 20 世纪 90 年代的乌兹别克斯坦成为前苏联国家中伊斯兰极端主义活动的中心，乌兹别克斯坦宗教极端主义威胁态势严重恶化。1999—2000 年恐怖极端活动多发，伊斯兰极端分子不仅在费尔干纳谷地发动武装袭击，还在塔什干发动恐袭扰乱局势。这一时期在中亚地区最有影响力的极端组织"乌兹别克斯坦伊斯兰运动"就产生于乌兹别克斯坦。在乌兹别克斯坦活动的宗教极端组织中有影响力的除了"乌兹别克斯坦伊斯兰运动"，还有"伊扎布特"和"阿克罗米亚"。

2. 1999 年以来，强势打压下的宗教极端主义威胁处于可控状态

1999 年 2 月 16 日及 8 月 6 日的恐袭事件发生后，乌兹别克斯坦总统卡里莫夫开始谴责伊斯兰极端分子的恐怖活动，乌兹别克斯坦政府的政策开始改变。乌兹别克斯坦政府开始重新审视对待伊斯兰教的态度，伊斯兰教不再仅仅被认为是替代性意识形态，还被认为是在外部因素影响下可能导致接受极端倾向的意识形态。乌兹别克斯坦政府开始采取一系列措施打击国内的宗教极端主义活动。例如，政府建立了乌兹别克斯坦穆斯林管理局，负责清真寺伊玛目的任命、宗教学校教学大纲的制定、宗教书籍的出版、检查清真寺工作人员是否存在极端主义活动等。1999 年 4 月 7 日，乌兹别克斯坦政府创办了下属的塔什干伊斯兰大学。政府条例中指出，该大学的建立是为了深入研究、保护以及传递给后代丰富的、独一无二的伊斯兰教精神和文化遗产，提高民众的宗教知识水平，培养符合现代要求的高水平专家。大学的任务是在社会中形成区别于极端派别的传统伊斯兰教理论。2000 年 10 月 30 日，乌兹别克斯坦最高法院以实施恐怖活动罪对"乌兹别克斯坦伊斯兰运动"头目尤尔达舍夫和纳曼干尼判处死刑。2003 年，乌兹别克斯坦政

府认定"伊扎布特"为宗教极端组织。2007年上半年,乌兹别克斯坦当局逮捕了一批"伊扎布特"成员,缴获了大量传播宗教极端主义思想的传单、书籍。2016年4月,乌兹别克斯坦对刑法和行政法的相关内容进行了修订,以此来严厉处罚各种涉及宗教极端主义的违法行为。

总的来说,由于乌兹别克斯坦强大的强力机构和严格的国内政策使得宗教极端组织在该国的活动处于可控状态。目前,"乌兹别克斯坦伊斯兰运动"事实上已被挤压出乌兹别克斯坦。2005年5月,安集延暴乱之后,"阿克罗米亚"也遭到毁灭性打击。"伊扎布特"成为宗教极端主义思想的主要传播者。乌兹别克斯坦强力部门对该组织的活动进行了严厉的打击,该组织的一些领导和成员或被关押,或移民国外。

尽管目前乌兹别克斯坦的宗教极端主义威胁形势在可控之下,但乌兹别克斯坦保持稳定的前景并不确定,宗教极端主义演变的局势仍然令人担忧。乌兹别克斯坦外交定位的转移会强化外部宗教极端势力的消极影响。例如,乌兹别克斯坦计划建设德国倡议的乌兹别克斯坦—阿富汗铁路。该项目是美国所谓"大中亚"构想的一部分。美国"大中亚"构想的主要目的是使中亚的定位从俄罗斯转移到南亚地区,其中阿富汗在该构想中具有关键作用。这种定位的转移可能会强化阿富汗对乌兹别克斯坦的不利影响,比如毒品走私、伊斯兰极端主义等问题会加剧。

(五)土库曼斯坦宗教极端主义威胁的演变过程及特点

由于土库曼斯坦的封闭,国际社会关于土库曼斯坦内部局势的信息几乎寥寥无几。长期以来普遍认为,与其他中亚国家相比土库曼斯坦的宗教极端主义威胁并不突出。但据近年来的资料显示,土库曼斯坦也面临着宗教极端主义威胁急剧恶化的问题。

1. 独立时起—2013年,宗教极端主义威胁影响不大

在2013年之前,当中亚其他国家宗教极端主义威胁急剧恶化时,

土库曼斯坦境内的宗教极端主义威胁并不严重。这一时期，土库曼斯坦成功避免在其境内出现宗教极端团体及其传教人员的影响。宗教极端组织"伊扎布特"在土库曼斯坦的宣传活动遭遇了失败，土库曼斯坦民众对其宣传反应极度冷淡。非法运进土库曼斯坦的带有宗教极端主义内容的书籍无人问津。这一时期土库曼斯坦成功避免宗教极端主义威胁的原因包括以下几个方面。

第一，政府和情报部门的严格监控。土库曼斯坦实行的是一种控制下的伊斯兰化政策。一方面，国家领导鼓励实施伊斯兰传统的路线，支持建设清真寺，研究古兰经，进行朝觐，强调伊斯兰教是政权、社会以及国家稳定的支柱之一。另一方面，政府和情报部门对宗教组织和宗教活动进行严格监控，禁止宗教政治组织的活动。1991年，伊斯兰复兴党试图在阿什哈巴德建立分支机构被制止。1995年，在重新登记注册中许多伊斯兰学校和伊斯兰培训班被关闭。[①] 为了提高伊斯兰化的可控性，加强国家对宗教、政治局势的监控，1996年，土库曼斯坦成立了总统下属的宗教事务理事会，其主要任务包括：监控宗教实践活动和伊斯兰教育，协调与穆斯林神职人员的互动，消除部分伊斯兰神职人员在土库曼斯坦政治中发挥的特殊作用。

第二，土库曼斯坦的宗教环境对宗教极端主义持否定态度。土库曼斯坦的传统伊斯兰教、部落伊斯兰教注重仪式、家庭，是不问政治的。土库曼人信仰温和伊斯兰教。大多数土库曼人对待伊斯兰教侵略性派别的态度是否定的，为了抽象的思想牺牲自己和其他人在土库曼人中间得不到响应。土库曼斯坦大多数人的保守倾向、世俗文化和温和伊斯兰教的优势使得伊斯兰极端主义在绝大多数土库曼穆斯林中没有得到共鸣。

---

① Пономарев В. "Ислам в системе государственной политики Узбекистана и Туркменистана," *Россия и мусульманский мир. Бюллетень реферативно - аналитической информации*. № 4 (118), 2002, С. 94 – 95.

第三，土库曼斯坦秉持中立外交政策，不以宗教立场的异同发展外交关系是其得以避免宗教极端主义威胁的主要原因。一方面，土库曼斯坦与欧洲、美国及其他国家在打击恐怖主义和极端主义领域的合作为保持土库曼斯坦世俗国家的发展发挥了作用。另一方面，土库曼斯坦和土耳其除外的世界所有国家都实行签证制度，有效阻碍了具有极端思想人员的大规模进入。

2. 2014年后，宗教极端主义威胁呈现上升趋势

2014年以来，土库曼斯坦国内出现了宗教极端主义威胁增长的趋势。在土库曼斯坦观察到伊斯兰极端主义的活动，有非法地下清真寺在传播伊斯兰极端思想。前往这类清真寺的人员批评其他穆斯林遵守愚蠢、错误的土库曼传统。这些清真寺在星期五礼拜后传播带有极端主义内容的小册子和其他材料。在境外打工和学习的土库曼斯坦公民受宗教极端组织的影响，参加了极端主义活动。1996年，土库曼斯坦240个伊玛目中只有30个毕业于乌兹别克斯坦的塔什干、布哈拉的伊斯兰学校，其余的都未经过正规学习。为了解决这个问题，数百名土库曼青年被派到土耳其、埃及、沙特阿拉伯和叙利亚的宗教学校学习。出生于土库曼斯坦塔沙乌兹州的居民巴巴扎诺夫（Ойбек Бабажанов）2013年前往土耳其打工，2014年受土耳其伊斯坦布尔市活动的宗教极端组织"圣战者"成员的影响，加入该组织。根据2014年美国华盛顿大学专家的评估，大约有360名土库曼斯坦籍武装人员在中东"伊斯兰国"的队伍中效力。①

外来因素是导致土库曼斯坦宗教极端主义威胁恶化的主要因素。首先，"圣战者"组织、萨拉菲派组织、"伊斯兰国"以及基地组织积极在土库曼斯坦境内活动。在土库曼斯坦—阿富汗边境发现"伊斯兰

---

① "This Month's Special: ISIL and Central Asia: Potential Risks and Responses." http://pulsofcentral-asia.wordpress.com/2014/10/30/this-months-special-isil-and-central-asia-potential-risks-and-responses/#_ednref5，访问时间：2021年4月18日。

国"的强有力渗透。在阿富汗北部与土库曼斯坦交界的边境地区居住有大约100万土库曼人。2014—2015年，与"伊斯兰国"有关势力出现在与土库曼斯坦相邻的阿富汗边境土库曼族人居住的地方导致土阿边境安全形势恶化。"伊扎布特""乌兹别克斯坦伊斯兰运动"等宗教极端组织的出版物通过非正式途径也从周边国家进入土库曼斯坦。其次，土库曼斯坦宗教极端主义形势恶化还与沙特、其他海湾国家以及部分北高加索传教人员的渗透有关。20世纪90年代中期，瓦哈比就派人员开始在土库曼斯坦展开自己的宗教政治活动，最初是在首都阿什哈巴德及周边地区。之后，瓦哈比教派逐渐扩大其在土库曼斯坦的宣传活动。[①] 再次，宗教极端组织与贩毒集团的合流。土库曼斯坦边境是反毒品走私的传统地区，毒品走私的"向西"或"巴尔干"路线经过土库曼斯坦。在土库曼斯坦，贩毒集团控制着从阿富汗到土库曼斯坦的大批毒品的入境渠道，用从毒品贸易所得资金资助国内宗教极端组织的活动。正是基于这些贩毒组织的资助，一些宗教极端组织出现在土库曼斯坦并强化自己的活动，其中包括"伊扎布特"。这些极端组织反过来吸纳新成员贩毒，极端分子和恐怖分子是贩毒集团的积极参与者。最后，土库曼斯坦官方否认面临宗教极端主义威胁不利于这一领域的国际合作。尽管近年来宗教形势恶化的趋势已引起了特别关注，但土库曼斯坦官方仍不愿承认这样的事实。这对国际力量帮助土库曼斯坦打击和应对宗教极端组织威胁造成严重困难。

二 中亚宗教极端主义威胁对中国的安全影响

中国和中亚地区国家拥有3000多千米的共同边界，拥有多个同源跨境民族，同时在政治、经济以及人文方面有着密切的联系与交往。

---

① Какабаев М. "Как в Туркменистане Готовят Террористов." http：//www.centrasia.ru/newsA.php？st＝1373140920，访问时间：2021年3月21日。

在此背景下，中亚地区宗教极端主义活动的加剧不仅威胁到与中亚地区国家毗邻、同样面临宗教极端主义威胁的中国西北地区的安全与稳定，也必然会影响到其经济发展以及广大民众的生活，同时也不利于丝绸之路经济带建设的推进。

（一）对中国领土安全的影响

与当今世界宗教极端势力、恐怖势力、分裂势力并非孤立存在一样，中亚的三股势力也常常勾结在一起。分裂势力往往打着宗教的旗号，煽动普通群众参与反对政府的活动；宗教极端势力则以民族独立为口号，鼓动宗教复兴运动；分裂势力与宗教极端势力往往又通过恐怖活动来显示其存在和扩大其影响。

在中亚活动的一些宗教极端组织都主张建立一个统一的伊斯兰国家，其中包括中国的新疆地区。2014年，在中东叙利亚和伊拉克地区崛起的"伊斯兰国"宣布在大中亚地区建立"呼罗珊省"，包括巴基斯坦、阿富汗、伊朗北部和东部、中亚五国、中国西部和印度。2015年，"伊斯兰国"领导人巴格达迪将中国列入2020年"伊斯兰国"打算占领的国家名单中。在中国境内活动的"伊扎布特"组织也具有两个明显的特点：一是与非法宗教活动有关；二是与分裂中国的政治图谋有关。宗教极端势力在中亚地区的活动对中国边境地区的反分裂斗争及保障中国领土安全带来了不利的影响。

（二）对中国反恐安全的影响

一些恐怖极端组织在中亚对中国的驻外机构、人员、设施进行恐袭活动，使得中国的反恐安全面临境内境外的双重压力。总的来说，中亚宗教极端势力活动加剧对中国反恐安全的影响包括两个方面：一是其活动可能外溢到中国境内，增加中国的反恐压力；二是会为遭到中国打击的宗教极端组织提供境外的容身之所。

"伊扎布特"在吉尔吉斯斯坦的传统活动区域主要在该国西南部地区的贾拉拉巴德州、奥什州和巴特肯州,但是近年来该组织在与中国交界的东部地区的那伦州和伊塞克湖州活动加剧,这对与这两个州交界的中国塔什库尔干地区和喀什地区的安全稳定带来潜在的新威胁。资料显示,新疆的恐怖极端组织、分裂势力与"伊斯兰国"有联系。中国媒体多次报道,东突组织与"伊斯兰国"建立了联系。伊斯坦布尔雷纳夜总会在2017年新年夜遭到武装袭击。据2017年1月2日英国《镜报》援引土耳其媒体的消息称,此次恐袭的嫌疑犯可能是极端组织"伊斯兰国"的东突分支成员。"乌兹别克斯坦伊斯兰运动"是危害整个中亚地区安全的主要恐怖极端组织之一。根据中国政府的资料,该组织中有来自中国新疆的恐怖极端组织武装人员。2016年8月30日,"安—努斯拉"恐怖极端组织成员在吉尔吉斯斯坦首都比什凯克发动了针对中国大使馆的恐怖袭击。

维持安全稳定需要良好的外部环境,而相邻的中亚地区国家宗教极端主义势力活动的不断扩散和蔓延对中国西北地区的安全维稳工作必然会带来负面影响。

(三)对中国经济安全的影响

宗教极端主义威胁在中亚国家的恶化使中国在该地区的各类经济项目的安全及顺利实施面临挑战。

首先对中国和中亚合建的能源管道运营安全带来很大风险。中亚国家奉行多元平衡的外交与能源合作战略,中国是其合作战略的重要一极。中国与中亚能源合作紧密,已签署大量的双边政府间、企业间能源合作协议,并建成了中哈原油管道、中国—中亚天然气管道A、B、C、D线。中国与中亚油气运输管道对丝绸之路经济带能源合作的意义重大。中哈原油管道的西段以及土库曼斯坦—中国天然气管线途经的乌兹别克斯坦费尔干纳地区,以及哈萨克斯坦南部的奇姆肯特、东南部的阿拉木图这些都是传统上或近些年宗教极端主义威胁严重的地区。有资料显示,"伊斯兰国"试图通过中亚地区的"呼罗珊省"分支机构开辟自己经由塔吉克斯坦、土库曼斯坦通往哈萨克斯坦以及俄罗斯油气地区之路。"伊斯兰国"在阿富汗的积极活动以及向中亚地区的渗透给中国在中亚地区的能源合作运输管线的运营带来很大的安全隐患。土库曼斯坦与阿富汗边境十分脆弱,存在阿富汗国内活动的"伊斯兰国"或其他恐怖极端组织武装人员突破土阿边界的可能,在此情况下,中国在土库曼斯坦的天然气管道基础设施及数十亿美元投资将面临巨大安全威胁。

其次不利于丝绸之路经济带的建设。中亚地区国家是中国西部邻国,是中国丝绸之路经济带倡议的涵盖地区。近年来,以"伊扎布特"为首的宗教极端组织在中亚地区国家的活动呈现出蔓延的趋势,这对于中国丝绸之路经济带倡议在中亚地区的落实与推进设置了新难题。

(四) 对中国意识形态安全的影响

宗教极端主义在中亚地区影响的扩散与蔓延对相邻的中国一些地区的意识形态安全带来极大的威胁。

中国意识形态安全受到的影响主要包括以下几个方面:首先,中国一些人员被宗教极端组织招募。随着"伊斯兰国"最初在伊拉克北部,其后在叙利亚的影响力越来越大,中国官方开始报道在该组织队伍中有一些来自中国的人员。2014年年末,《人民日报》报道,约有300名中国公民在叙利亚"伊斯兰国"队伍中作战。2014年7月底,英国路透社曾在文章中提到,中国中东问题特使吴思科表示,有来自中国的宗教极端主义分子在中东接受训练,其中一些人可能已进入伊拉克境内,参与当地暴力冲突。2015年3月,新疆党委书记张春贤指出,来自中国新疆的宗教极端分子从中国西南非法越境,在中东国家为恐怖组织"伊斯兰国"作战。2017年1月,马来西亚副总理扎希德表示,自2013年以来马来西亚已经向中国遣返了28名试图途经马来西亚加入"伊斯兰国"恐怖组织的极端分子。被遣返的极端分子试图通过马来西亚前往土耳其,以便最终进入叙利亚或伊拉克,加入"伊斯兰国"组织。

其次,专门针对中国的宣传活动。在中国首次处决抓获的"伊斯兰国"极端分子两周后,"伊斯兰国"发布了一首为时4分钟的中文宣传歌曲,歌名叫"我是圣战者"(Nashid)。据从事互联网资源极端内容监测的著名"智能小组网站"(Site Intelligence Group)报道,这首4分钟的歌曲由"伊斯兰国"主要的信息宣传工具、媒体中心哈亚特(Аль-Хаят)制作完成。哈亚特中心曾用各种语言,包括阿拉伯语、德语、俄语、乌兹别克语、孟加拉语、库尔德语进行呼吁以及发布伊斯兰歌曲。歌曲通过Twitter以及Telegram进行传播。歌曲由男声演唱,以劝说和催眠的风格号召所有穆斯林觉醒,拿起武器,参加圣战。据美国电视频道报道,恐怖分子的目标是中国穆斯林。"伊斯兰国"试图以这种方式吸引中国的一些穆斯林加入其队伍。伊斯兰极端主义问题研究专家罗蒙·卡伊耶(Ромен Кайе)指出,"伊斯兰国"在与全世界的战争中又迈出了一步,现在它的目标是中国。

三 防范中亚地区宗教极端主义威胁对中国安全影响的对策建议

长久以来,由于恐怖主义、极端主义以及分裂主义三股势力在新疆的存在及活动,使得反恐、去极端化、反分裂主义以及维护新疆的稳定成为中国安全领域的一项重要任务。在这一背景下,中国坚持立足预防、主动出击,从立法、执法、行政等方面采取了一系列措施,积极预防和打击来自境内外的恐怖极端主义威胁。

尽管中国在打击恐怖极端威胁方面已经采取了一系列措施，但根据对中亚国家以及世界其他国家打击和预防宗教极端主义威胁的应对措施的研究和比较，中国在该领域仍然存在一些薄弱环节或未引起足够重视的方面，改善不足的方面将是中国未来反恐去极端化工作的重点。

（一）完善恐怖极端活动的信息发布机制

恐怖极端活动的信息发布是处理此类事件措施中的关键一环。2016年哈萨克斯坦阿拉木图事件凸显出，在恐怖极端活动发生时及时跟进的官方信息能否发布对于成功控制局势具有极端重要性。阿拉木图事件发生后，在哈萨克斯坦社交网站上出现了关于该事件的大量虚假信息。哈萨克斯坦内政部和国家安全委员会新闻办公室较晚才开始发布信息驳斥虚假信息，但已经无法控制虚假信息的传播。一方面，阿拉木图事件中存在背后势力对事件信息发布的恶意操纵。例如，各类社会反对派随时等待着利用有用的信息抹黑总统，打击当局。另外，潜藏的基层极端组织也参与网上的谣言传播，从背后打击当局。另一方面，哈萨克斯坦当局确实也对此类事件发生的信息发布没有准备，因此在信息发布浪潮中落在了后面。从7月22日起，哈萨克斯坦执法机关开始拘留、逮捕虚假信息的传播者和社会恐慌的挑起者，并对个别进行虚假报道的博主和记者提起散布谣言的刑事起诉。哈萨克斯坦2016年6月和7月发生的两起事件再次显示了在发生恐怖袭击时情报系统、执法机构和媒体在信息发布方面携手工作的重要性。

中国关于恐怖极端事件的信息发布以哈萨克斯坦事件为鉴，一方面，官方要及时发布信息，以防止恐怖极端组织或其他别有用心者散布的谣言走在前面，引起社会恐慌，造成社会不稳定；另一方面，应当对媒体报道恐怖极端活动进行专业的培训，由哈萨克斯坦事件可见，媒体报道此类事件时应口径一致，否则也会给恐怖极端组织或其他别有用心者发布虚假信息以可乘之机。由此导致媒体不仅没能发挥应有的正向作用，反而起到了反向作用。对此，政府部门应该就相关事件的报道对媒体进行统一规范，对相关人员进行培训，完善恐怖极端活动的信息发布机制。

（二）进一步加强网络监管，减少恐怖极端主义的网络传播

当今时代是一个互联网大发展的时代，网络在给我们的生活、工作、学习带来巨大便利的同时，也带来很多的问题与威胁，其中最引人关注和令各国政府头疼的就是互联网成为恐怖极端组织宣传思想和招募成员的工具。恐怖极端组织"伊斯兰国"非常善于利用互联网，例如，在推特、脸书、"ВКонтакте"等社交网站进行广泛的宣传和人员招募活动。"伊斯兰国"网上招募活动方式灵活，包括：由来自中亚地区的武装人员用中亚国家居民能理解的语言来进行宣传；专门成立定位于苏联国家的网络媒体，由来自该国家的年轻人用俄语进行广播。

另外一个值得关注的问题是宗教和互联网的结合。例如，"电子穆夫提"现象。"电子穆夫提"是恐怖极端组织"伊斯兰国"针对穆斯林民众的新宣传手法。所谓的"电子穆夫提"指的是通过网络讲经布道的伊玛目和穆夫提。围绕着网络上的这些"电子穆夫提"形成了新的团体，团体中的人互不相识，这些网络上的穆夫提、伊玛目和团体成员相隔几千公里。当前，互联网已成为恐怖极端组织进行其思想宣传以及吸引支持者加入的最重要手段之一。它能够远距离影响恐怖极端组织的潜在参加者，不需要现场的直接对话沟通，领土相邻因素的影响几乎可以忽略不计。

在现代信息社会的大背景下，必须加强对网络和各种信息传播的法律管控。在中国的去极端化工作中，应重视对网络的监管工作，加强对互联网空间宗教极端主义材料的防控，严格要求互联网运营商和

社会公众要依法从事信息的制作、存储、传播和经营活动。

(三) 在预防打击恐怖极端活动中加强宗教领域的作用

宗教领域存在的诸多问题是导致中亚国家恐怖极端主义威胁形势恶化的原因之一。例如，宗教政策宽松，宗教立法不完善，宗教人员水平不高，民众的宗教知识水平缺失等。要彻底解决宗教极端主义问题，在与宗教极端主义的思想对抗中赢得胜利，必须要从宗教领域入手，才能更好地解决宗教方面的去极端化问题。鉴于中亚国家的教训，完善中国的宗教政策及宗教领域立法，提高官方宗教人员及民众的宗教知识水平，应该成为中国在预防打击恐怖极端活动中加强宗教领域作用的优先方向。

(四) 边缘化的年轻人应成为去极端化工作的重点关注对象

哈萨克斯坦为打击宗教极端主义和恐怖主义活动采取了各项教育、信息和宣传措施，其中包括哈萨克斯坦文化和运动部下属的宗教事务委员会在各州建立的信息宣传工作小组。小组成员包括官方机构工作人员、宗教学家和神职人员（伊玛目），其工作对象主要是中学和大学年轻人、单位职工和其他便于组织的群体，但这一措施中存在明显的漏洞，即未能覆盖在郊区、市场、建筑工地工作或从事私人运输业的边缘化的年轻人。由哈萨克斯坦的教训可以看出，中国要关注边缘化和很难接触到的居民群体，制定专门的去极端化工作计划。

(五) 多部门协同合作

鉴于宗教极端思想对移民、学校、监狱等的渗透及影响，仅凭单个部门的一己之力很难应对，相关部门之间应加强情报信息互通，多面出击，共同合作，以便有效遏制宗教极端组织影响的扩散。第一，加强对中国内外移民进程的监控，力争掌握移民的目的、行踪，以杜绝宗教极端组织成员混入移民中来。尤其值得关注的是出国留学的年轻人在国外接受的教育培训内容及性质。第二，加强对学校，特别是高校的关注。年轻人一直是宗教极端组织宣传的重点对象。在高校应当采取一系列预防宗教极端主义思想影响的措施，例如，改革高校的心理援助服务，不仅继续对学生实行传统的心理康复工作，还要进行极端主义思想的预防工作；学生会、高校的相关管理部门以及有关社会部门共同在学生中开展抵制极端主义思想的心理援助服务活动；了解学校学生在社交网络上写什么，对什么感兴趣；由相关社会部门负责社交网络的监管；向学生宣传在网上与陌生人交流存在风险，如何避免成为宗教极端组织招募人员的受害者，以及在发现类似招募活动时向哪里举报；增加关于世界宗教文化的课程；关注毕业未能及时就业的青年学生的动向等。第三，单独关押因宗教极端活动判刑的犯人，避免普通犯人受其影响。在哈萨克斯坦，监狱成为犯罪团伙与宗教极端团伙合流的起源地，许多普通囚犯正是在监狱中受到了极端主义意识形态的影响。因此，在监狱管理工作中要注意避免使普通犯人受到因极端主义活动被判刑人员的影响，监狱也应成为重视去极端化的一个重要领域，另外，还需加强对监狱外刑满释放人员的动向跟踪。

（六）完善和落实打击恐怖极端主义威胁方面的双边和多边国际合作

恐怖极端组织通常在中亚地区以及中国境内都存在分支机构，因此加强与中亚国家在情报共享、警力协作、跨境打击等方面的双边或多边合作，也是有效抵御宗教极端组织对中国境内的渗透及破坏活动的途径之一。自独立以来，中亚国家奉行多边外交原则，一些国家先后成为独联体、集体安全条约组织、欧安组织、北约和平伙伴关系成员国，上海合作组织只是中亚国家发展对外关系的一种途径。需要进一步强化和落实与中亚国家在上海合作组织框架内打击宗教极端主义活动的合作,最大限度地压缩宗教极端组织的生存空间。

结　　语

　　中亚国家是中国的西部邻居,而且是中国实施的丝绸之路经济带倡议的重要沿线国。近年来,在国际以及地区恐怖极端主义活动泛滥的背景下,中亚地区国家也出现了宗教极端主义威胁形势严峻并呈现恶化的趋势。宗教极端主义威胁在中亚地区的蔓延将会给中国西部地区的安全与稳定造成巨大的压力。中国一定要密切关注并坚决防范。

里海油气管道建设：动因、现状与展望[*]

涂亦楠[**]

摘要：建设跨海油气管道将拓展资源贸易，实现经济腾飞，但是也不可避免地影响生态环境。里海丰富的油气资源一直是大国争夺的焦点。2018年《里海法律地位公约》规定沿岸五国可以自行决定是否建设油气管道，但是设置了"环境保护限制"。厘清"环境保护限制条款"在宏观政策、中观机制和微观项目层面的作用将夯实区域能源合作的基础，降低合作的阻力。以环境保护条款为分析对象，以里海资源开发为导向，本文采取了规范分析方法全面梳理了里海五国关于油气管道建设的国际规范，归纳了管道建设的实质与程序性的环境法律义务，并分析了其原因。研究发现：相关环境标准将影响中国的政治、经济、资源和环境安全。在国际层面，中国应正确理解环境标准在里海管道建设中的作用，判别和预测未来里海油气资源出口格局和运输情况。在国内层面，中国应完善油气管道建设的环境法律框架，并在里海和南海开发实践中适用相关规范。

关键词：里海法律地位公约；油气管道；环境标准；一带一路倡议；中国海外油气利益；最佳环境实践

---

[*] 教育部人文社会科学研究青年基金项目"中俄北极油气开发风险的法律对策研究"（主持人：涂亦楠，编号：19YJCGJW010）。

[**] 涂亦楠，中国地质大学（武汉）公共管理学院副教授，自然资源部法治研究重点实验室研究员，研究方向为自然资源法。

里海是全球最大的湖泊,已探明的石油储量500亿桶,占全球总储量的18%;天然气储量8.76万亿立方米,占全球总储量的4.3%,总产量占全球的26%[①]。沿岸五国的能源消费量有限,国家经济主要依赖于油气出口收入。特别是内陆国阿塞拜疆、哈萨克斯坦和土库曼斯坦[②]距离资源买家较远,迫切地希望建设跨里海油气管道,以扩大油气出口规模。由于错综复杂的利益纠葛,各国在管道建设问题上迟迟不能达成一致。2018年8月12日五国签署了《里海法律地位公约》(Convention on the Legal Status of the Caspian Sea,以下简称法律地位公约),决定"过境国一致同意,且保护环境"即可修建跨海天然气管道。公约扫清了油气开发和运输的障碍,把争议的焦点转移至"环境标准"及其执行上。环境标准成为里海区域治理的通用"话语",里海资源分配的敲门砖,里海管道建设市场的核心竞争力之一。因此,有必要以环境保护条款为分析对象,以里海资源分配为导向,归纳出环境标准在里海油气管道建设中的意义及具体内容。

一 里海油气资源开发的文献回顾

中亚地区是中国重要的海外能源供应基地,里海是中国油气资源保障区之一。针对中国与中亚的能源合作,学者们展开了综合性的、跨学科的研究。既有成果分析了中亚油气资源的开发现状和出口格局,预测了未来区域的能源战略格局[③];也指出了宏观层面中国开展与中亚能源

---

① EIA International Energy Statistics,"Petroleum and Natural Gas Data",https://www.eia.gov/international/overview/world,访问时间:2022年3月3日。

② 里海沿岸五国中阿塞拜疆、哈萨克斯坦和土库曼斯坦为内陆国,由于依赖于俄罗斯的油气输送管道,谋求出口油气资源因而形成了三国的利益共同体。

③ 杨莉:《中亚国家油气资源开发状况》,《俄罗斯中亚东欧市场》2006年第9期。寇忠:《中亚油气资源出口新格局》,《国际石油经济》2010年第5期。孙霞:《中亚能源地缘战略格局与多边能源合作》,《世界经济研究》2008年第5期。

合作的意义和定位①，可采用的合作模式，以及合作前景②，同时也揭示了微观层面合作的法律风险与制度缺陷③。特别是针对里海地区的油气开发，学者们梳理了阻碍开发的原因及历史④，剖析了沿岸国的不同立场⑤，回顾了2018年《里海法律地位公约》的谈判历程，指出了公约签署的原因及条款的特点和不足之处，特别是对中国的影响⑥。

二 里海油气管道建设的争议及其原因

油气运输管道是目前全球成本最低、效率最高、最为安全、受外界干扰最小的油气运输途径⑦。据统计，全球99%的陆上石油和天然

---

① 岳来群、张应红、申延平：《里海地区对中国油气资源安全供应意义重大》，《国土资源情报》2004年第20期。杨宇、何则、刘毅："丝绸之路经济带"中国与中亚国家油气贸易合作的现状、问题与对策》，《中国科学院院刊》2018年第6期。李红强：《能源地缘政治格局的演变过程与驱动机制研究：以中亚为例》，《世界地理研究》2009年第4期。陆俊元：《中亚地缘政治新格局及其对中国的战略影响》，《世界地理研究》2011年第2期。

② 毛汉英：《中国与俄罗斯及中亚五国能源合作前景展望》，《地理科学进展》，2013年第10期。杨宇、刘毅、金凤君：《能源地缘政治视角下中国与中亚—俄罗斯国际能源合作模式》，《地理研究》2015年第2期。赵亚博、方创琳：《中国与中亚地区油气资源合作开发模式与前景分析》，《世界地理研究》2014年第1期。苏华、王磊：《"丝绸之路经济带"建设背景下的中国与中亚能源合作新模式探析》，《经济纵横》2015年第8期。闫鸿毅、李世群、徐行：《中亚三国石油合同模式研究》，《俄罗斯中亚东欧市场》2010年第5期。

③ 刘再辉：《中国与中亚国家能源合作的若干法律问题》，《新疆社会科学》2009年第2期。黄梦、肖湘：《中国对中亚能源投资的法律问题及对策》，《长沙理工大学学报》（社会科学版）2016年第2期。杨泽伟：《共建"丝绸之路经济带"背景下中国与中亚国家能源合作法律制度：现状、缺陷与重构》，《法学杂志》2016年第1期。

④ ［阿］鲁斯塔姆·马麦多夫：《有关里海国际法地位的历史》，《兰州大学学报》（社会科学版）2001年第4期。

⑤ 邓秀杰：《俄罗斯与里海沿岸国家的竞合关系》，《当代世界》2015年第2期。肖军正：《里海法律地位问题与中亚地缘战略》，《国际问题研究》2003年第4期。秦放鸣：《里海地区油气资源竞争的矛盾冲突及中国的战略选择》，《新疆社会科学》2007年第1期。

⑥ 匡增军、马晨晨：《里海法律地位公约评析》，《现代国际关系》2018年第11期。

⑦ 肖峻、汪亚峰、时鹏、陈利顶：《荒漠草原区油气管道建设对地表植被格局的影响》，《中国环境科学》2013年第11期。

气都依靠管道输送。作为一种廊道式工程,里海油气管道不仅途经内陆,而且横穿海洋,不可避免地对所经区域的生态系统带来人为干扰与环境影响。

(一) 里海地区已有和筹建的油气管道

目前,里海已经开通了五条跨里海油气管道(见表1)。其中,俄罗斯占四条,且拥有与管道相衔接的公路、铁路、运河和海上运输渠道,把握了区域油气运输的绝对主导权。阿塞拜疆、哈萨克斯坦和土库曼斯坦需要借助俄罗斯的油气管网才能实现能源出口。对此,俄罗斯不仅可以收取不菲的油气过境费和储气调峰服务费,还可以控制各国的油气出口数量与价格。因此,三国均希望通过新建管道来实现出口的多元化与自主化,打破俄罗斯的垄断。

表1　　　　　　　　里海地区主要的油气输送线路

涉及国家	状态	方向	线路(管道)名称
阿塞拜疆	开通	西向	巴库—第比利斯—杰伊汉石油管道
俄罗斯	开通	西向	巴库—俄罗斯新罗西斯克管道
俄罗斯	开通	西向	哈萨克斯坦阿特劳—萨马拉管道
俄罗斯	开通	西向	哈萨克斯坦田吉兹油田—新罗西斯克港
俄罗斯	开通	北向	巴库—俄罗斯季霍列茨克管道
阿塞拜疆	规划	南向	阿塞拜疆—伊朗南部油田—波斯湾石油管道
土库曼斯坦	规划	西向	土库曼斯坦—巴库—欧洲天然气管道(简称TCP)

资料来源:US Energy Information Administration。

基于不同的立场,就是否兴建管道,里海五国分为支持与反对两大阵营。其中,阿塞拜疆、哈萨克斯坦和土库曼斯坦是油气管道建设的积极支持者。在美国和欧盟的支持下,三国不断规划与筹备建设新的跨海油气管道,以期打开新市场,从而最大化国家利益。而俄罗斯和伊朗是管道建设的主要反对者,他们不希望改变区域的油气出口格局,挤占其已有市场份额,不愿放弃既得利益,从而减弱自身的区域影响力。

(二)《里海法律地位公约》和管道建设的环境标准

由于五国错综复杂的利益纠葛,在油气管道建设问题上,各国一直处于"全体一致才能修筑"的僵局,直至 2018 年 8 月 12 日五国签署了《法律地位公约》,达成了"过境国同意即可修筑"的妥协。即俄罗斯和伊朗同意铺设新的跨里海管道,只要其符合相关的环境标准。

俄罗斯和伊朗作为兴修管道的反对者,之所以达成妥协的主要原因在于:首先,在里海能源外输的竞争中,俄罗斯已经抢得先机。目前俄罗斯拥有兄弟(Brotherhood)、联盟(Soyuz)、北极光(Northern Lights)、亚马尔—欧洲(Yamal—Europe)四条陆上油气管道,和北流(Nord Stream)、北流 2 号(Nord Stream 2)、蓝流(Blue Stream)、土耳其流(Turk Stream)四条海上油气管道向欧洲出口油气。这些建成管道不仅在当前出口中占主导地位,还将在未来输送中占据成本优势。在对亚洲的油气出口中,俄罗斯也修筑了中俄东线和西伯利亚力量 1(Power of Siberia)管道,规划了中俄西线、俄日海底天然气等管道。俄罗斯还打通了北极西北、东北航道用于液化天然气出口。综合来看,俄罗斯现有管道运力充足,运输成本低廉,运营技术成熟,占据绝对的竞争优势。

其次,俄罗斯在海底油气管道建设中拥有丰富的经验,有望参与新的建设实践,抢占市场份额。自建设第一条跨海天然气管道蓝流以来,俄罗斯跨波罗的海、跨黑海油气管道陆续竣工。在这些管道的建设与维护过程中,俄罗斯广泛与欧洲国家合作,得到了诸多技术支持与帮助,积累了丰富的建设、服务和检测经验,包括如何应对深海、富含硫化物的海水环境；如何处理海底废弃物与危险品；如何增强管道抗压、抗腐蚀性能等。同时，俄罗斯还与多家顶级海底管道铺设企业达成了合作关系①。加上俄罗斯与里海周边国家语言相似，文化、历史渊源深厚，区域影响力大，俄罗斯参与里海管道建设的可能性非常大。因此，允许相关建设，俄方不仅能够增进短期经济收益，还能在未来的管道原材料采购与基础设施建设中获益，主导并推进中长期的区域经济一体化进程。

最后，在美国对北溪2号管道施加制裁②，美国撕毁伊核协议对伊朗实施制裁③的不利国际环境下，俄罗斯、伊朗迫切地需要寻求地区邻国的政治支持，维护稳定的区域环境。油气管道建设的重要性要低于区域政治、军事和安全事项。因此，两国愿意进行博弈以换取他国的支持。

除了以上原因促成俄罗斯和伊朗转变态度之外，公约在"过境国同意制度"背后仍隐含了"环境标准"的限制条件。通过环境要求，俄罗斯、伊朗仍然可以对管道建设、选址、维护进行影响与干预，并且握有实质否决权。回顾以往的里海油气管道建设，俄罗斯和伊朗经常使用环境关切作为反对建设和抗议的理由。例如，2008年9月4日，伊朗外长 Mehti Safari 曾表示里海海水盐度较高，容易造成管道腐蚀，管道泄漏风险过大，因此不适宜建造跨海管道④。俄罗斯自然资源部（Natural Resources Ministry）也曾明确表示为了减小跨境环境负

---

① 潘楠：《俄罗斯跨波罗的海与跨黑海天然气管道比较分析》，《俄罗斯东欧中亚研究》2016年第6期。

② Stephen Cunningham, Ari Natter, "U. S. House Passes Resolution Opposing Russian Gas Pipeline", https://www.bloomberg.com/news/articles/2018-12-11/u-s-house-passes-resolution-opposing-russian-gas-pipeline, 访问时间：2022年3月3日。

③ U. S. Department of Treasury, "Iran Sanctions", https://www.treasury.gov/resource-center/sanctions/Programs/Pages/iran.aspx, 访问时间：2022年3月3日。

④ Iran Called for Prompt Approval of Caspian Sea Convention, http://www.iranreview.org/content/Documents/Iran_Called_For_Prompt_Approval_of_Caspian_Sea_Convention.htm, 访问时间：2022年3月3日。

面影响,任何跨里海的大然气和石油管道都不被接受①。回顾俄罗斯的海外投资历史,环境原因也经常导致项目的延期、搁置乃至取消。

三 里海油气管道修建的相关环境标准

在公约明确环境标准限制措施后,环境保护成为各国油气资源开发的宏观政策目标之一,是各国中观制度监管的重要内容,也是微观项目平稳推进的必备要素。因此有必要对环境标准的内容进行梳理。

(一)跨海油气管道的主要环境影响

首先必须承认跨海油气管道作为一种物理活动势必对环境生态造成影响。因此,各国根据本国国情均采取了相关的环境保护措施。跨海油气管道的建设分为管道选址、安放、检测及试运行、正式运行和管道退役等五个阶段(见表2)。在建设过程中,涉及管道、设备、船只和诸多工程作业人员;会改变海底地形、底泥、海水水体;干扰鱼类、鸟类、哺乳动物、藻类、珊瑚等海洋生物;也将影响人类的渔业、海洋运输、旅游业和矿业活动②。

此时,环境标准的高低直接决定了管道项目的投资成本与技术难度。里海沿岸几国的油气管道建设和环境保护水平均不高。环境因素一方面是项目决策的关键因素,是巨大商业市场的进入门槛;另一方面也是大国利益角逐的重要手段。因此,有必要对里海油气管道相关的环境标准和环保义务进行梳理与分析,以观察各国的博弈和实际义

---

① Russia says pipelines across Caspian Sea floor unacceptable, https://portnews.ru/news/2422/,访问时间:2022年3月3日。
② Schuchardt & Grann, "Towards an integrated approach in environmental planning – the Europipe experience", in M. Vollmer, H. Grann, *Conflict resolution to Large Scale Constructions in Coastal Environments*, Heidelberg: Springer – Verlag, 1999, pp. 117 – 127.

务履行状况。

表2　　　　海底油气管道建设的主要阶段和工作及其环境影响

主要阶段		主要工作	环境影响
建设阶段	清理海底	处理遗留的军火和危险废弃物	短期干扰海底沉积物，增加海水浑浊度，释放营养或有害物质、从而影响水生生物和生态系统
		清理和安放岩石、沉船等一般障碍物	
		开挖管道槽	
	下埋管道	运送管道	
		管道下埋	
		定位放置	
	试运行和运行	管道充水、管道清洁、测量与检验、加压试运行、检测	中长期影响海洋鱼类、鸟类、哺乳动物的生活；影响洋底水流流向；影响渔业、海洋运输、旅游业、矿业等人类活动
		加压测试的水流释放	
运行阶段		管道运行	
		定期监测	
		管道维护，定期清理管道周边的岩石、底泥等	
退役阶段		一般将管道留在原地	管道腐蚀老化、释放有害成分

资料来源：WWF, Eco-check for submarine pipelines in the Baltic Sea.

（二）里海油气管道修建相关的国际规范

2018年的《法律地位公约》第14条规定"各方可以在里海海底放置油气管道，但是相关项目应当符合各方国际条约中的环境标准与要求"。其中，国际条约主要指里海五国签署和加入的《里海环境保护公约》（以下简称环境公约）及其议定书体系。（见表3）

表3　　　　里海五国签署的管道建设相关的环境保护条约体系

公约签署和生效情况	公约名称
2003年11月4日签署，2006年8月12日生效	《里海环境保护公约》

续表

公约签署和生效情况	公约名称
2011年8月12日签署，2016年7月25日生效	《区域石油污染事故防备、反应与合作议定书》
2012年12月12日签署，未生效	《防治里海受地缘污染源和活动污染的议定书》
2014年5月30日签署，未生效	《里海生物多样性保护议定书》
2018年7月20日签署，未生效	《跨境环境影响评价议定书》
2018年8月12日签署，未生效	《里海法律地位公约》
仅俄罗斯批准	《联合国海洋法公约》

资料来源：United Nations Treaty Collection.

（三）管道修建的具体环境标准

从宏观上看，管道建设的环境标准贯穿于建设全过程，分为环境程序性和实体性义务两类。除了公约直接规定的确定性规则外，《地缘污染议定书》及其附件也规定了"最佳环境实践（Best Environmental Practice）""最佳可得技术（Best Available Techniques）"等准用型规则。根据里海管道建设的步骤，标准主要包括：

1、选址论证阶段的环境标准

第一，审慎的管道选址规范。过境国对油气管道选址的严格把控和审批是环境标准之一。管道是否绕开资源环境保护区、生态敏感区、生态涵养区、濒危动物活动区、海底危险废物区或地质活动敏感区直接决定了管道环境影响程度的高低。管道选址需要缔约国协助配合提供海底地形资料，协商一致决定管道线路，并进行谨慎的环境影响评估。此外，管道建设还应当错开生物孵育的重要时段，以免造成对动植物种群繁衍的扰动。成员国还应当密切与科学界合作，开展实时的生态系统观察与研究，尽量减少管道建设和运行对生态系统的影响，减少温室气体排放、降低对自然地貌的改变等。

第二，环境和社会影响评价制度。为了全面评估并控制管道的环境与社会影响，首先必须建立自然和社会的基础信息数据库，再进行科学的跟踪与比对，才能后续有针对性地提出管理与控制方案。对此，公约提出应当在管道线路周边建设一定数量的水体和海底观测站对海洋地质、海洋生物、水体状况和生物多样性等信息进行综合采集，建成数据库。除了公共资金建设的观测站外，各成员国科研院所和非政府组织的相关信息也将汇入数据库。相关数据库将向社会公众开放，使得利益相关者能够及时、全面地了解管道建设情况、衡量利弊、判断管道的实际影响及其因果关系，从而为后期制作影响控制方案、进行利害相关者赔偿提供基准。在取得基础数据之后，各成员国应当定时对数据进行更新与记录，实时监测并发布环境影响的变化情况，以便各成员国采取相应行动。

在社会影响方面，公约规定：应当在管道规划过程中避开国家或国际自然保护区、旅游开发区、海底文化遗迹区（包括古代城市、沉船等遗迹）和具有重大科研价值的区块；同时，在管道建设的过程中，应当关注管道对当地居民生计的影响，特别是对敏感群体、女性、小孩、老人、贫困者、少数民族和原住居民的影响。各成员国要关注建设过程中雇员的安全与保障问题，例如，工作条件是否达标，工作待遇和安全标准是否符合当地《劳动法》《安全生产法》的要求等。

第三，广泛的公众参与。各成员国应当开展广泛的公众参与，以确保决策过程的民主性。公约规定了广泛、开放和综合性的公众参与程序。首先，公众不论国籍、政治、经济和社会因素，都可以通过法定程序参与相关决策。其次，与管道建设相关的信息和研究结果将及时公布并通知公众。再次，成员国需要为公众搭建多种参与程序的平台，让公众能够与项目方、政府方充分的沟通、表达诉求、进行建议和监督，参与并影响最终决策。最后，政府也有责任加强公众的环境意识，培育他们的环境参与能力。

第四，事故预防机制。海底油气管道通常是一种较为成熟和安全的油气运输方式，但是，一旦发生油气泄漏，不容易被察觉，容易造成大规模、灾难性的后果。实践中，油气管道泄漏的原因包括材料瑕疵、违规生产、内部流体腐蚀、海洋波流冲刷、地质灾害、疏于管理与维护、外在影响（例如船舶锚击、拖网碰撞）等。对此，管道建设和运营必须制定并采用严格的事故预防机制。对此，公约要求管道的规划应当绕开历史遗留的爆炸物、危险化学品和废弃物，并对其进行标记与清理，从而避免有害成分的泄漏。各成员国还应从硬件设备和软件规章制度、组织体系、人员能力建设方面制定事故避免与影响消减的方案。例如，各国应颁布相关规范，配备必要的应急和安全设备，组织稳定的资金、人员和技术团队负责污染防控和溢油事故预防及应急工作，并定期对雇员进行能力建设与培训。

2、管道建设阶段的环境标准

第一，污染控制、风险管理和事后应急救助机制。在污染控制方面，公约对空气、水和海洋底土质量、废物处理、噪音和震动控制等提出了一系列要求。污染控制的措施包括监测废水和加压测试水的排放，评估项目对地表或地下水的影响；监测管道挖槽和下埋过程中泥浆的处理，检测泥浆中是否含有油污；监测和计量项目的温室气体排放；监测并清理油气管道中的重金属含量；实时监督噪声和震动幅度是否达标；密切跟踪管道退役后的环境影响等。各国还应建立完善的国内环境监管体系，配备充足的资金、人员和设备。在管道建设中，成员国应当将国际环境义务转化为国内法，制定环境管理手册，依法开展环境管理活动；应建立国内的环境管理报告、监督管理体系；应制定项目许可管理和环境人员资质审核体系；为环境管理人员提供信息和能力培训；制定事故应急、预警和处置方案；及时与环境保护和技术专家保持沟通；广泛引入社会监督；将抽象的环保义务转化为切实的环保行动。

在风险管理方面，公约要求在管道全生命周期对多属性和随机性风险展开定期评估与检测①，对管道的裂纹和腐蚀缺陷进行查明，对管道的承压状态、底部稳定性、整体和局部屈曲状态进行掌握，结合现代遥感、大数据等信息化技术手段建立实时的监测机制，切实减少事故发生的概率。

在事后应急救助方面，公约要求各国根据《油污议定书》建立溢油的国际信息沟通、应急处置指挥和综合应急救援合作机制，并对援助费用的分摊进行了安排。

第二，利害相关者补偿制度。成员国还应当利用环境社会影响评价信息，展开项目的生态审计（Ecological Audit），对项目开展前后的环境和社会影响进行比较，判断偏离状况，并对利害相关者进行补偿。补偿可以通过商业项目基金会或者政府间基金会的形式进行，采取货币方式补偿。

第三，管道废弃处置阶段的环境标准。尽管公约及其议定书没有明确提及废弃管道的处置问题，但废弃管道的环境影响是管道规划建设中亟待解决的重要问题。对此《联合国海洋法公约》第 60 条规定：沿海国应按照现行的国际条约拆除退役和废弃的海洋结构物及设施。国际标准化组织《石油和天然气管道输送系统标准》（ISO13623 - 2018）也规定了管道退役的处置义务，例如原位弃置、隔离、阴极保护等。由于俄罗斯是《联合国海洋法公约》的缔约国，因此也需要承担公约项下的相关义务。

四 环境标准对中国的影响及其应对策略

目前，中国是里海区域的最大投资国。未来，中国将是里海油气资源的最大潜在客户。里海油气管道的规划与建设对中国影响重大。

---

① 付建华、王毅辉、李又绿：《油气管道全生命周期安全环境风险管理》，《天然气工业》2013 年第 12 期。

其中环境标准对中国的政治、经济、资源和环境安全都有深远的影响。

（一）里海管道与中国的政治安全

里海和南海均蕴藏着丰富的油气资源，地处油气运输咽喉地带，区域战略地位重要。由于域外大国的介入，区域地缘政治局势紧张，错综复杂的利益纠葛使得区域自治困难重重。《法律地位公约》为区域发展建立了稳定和具有预见性的框架，创设了和平争端解决机制，有力地抵制了域外势力的介入。借管道建设实施，里海各国可以全面拉动区域的港口、公路、铁路、海运基础设施建设与旅游业发展，进行跨里海资源走廊和贸易运输走廊建设[①]，从而实现区域振兴。而环境标准是开启这一治理进程的关键，也是通用话语之一。在这一意义上，环境标准涉及中国的政治安全。

中国南海部分油气田地处深海和远洋区域，建设海底油气管道的运输成本最低、受外界干扰最小。在复杂的国际形势下，南海长输管道的环境与生态问题倍受各国关注。环境保护问题甚至成为别有用心的国家质疑中国开发和管理能力的工具。对此，里海的实践可以为南海提供参考。在复杂的国际势力博弈下，中国可以发挥大国在区域自治与和平进程中的主导作用，建立系统、专业和开放性的环境监管机制来平衡开发和环保的关系，凝聚各国共识、消除隔阂，促进协同开发实践。

（二）里海管道与中国的资源安全

里海管道的走向决定了未来资源的主要消费市场。西向输往欧洲，东向输往中国，南向输往印度。不同的走向背后是美国、欧洲、印度和中国等地区的区域影响力的角逐，直接影响中国的海外油气资源来

---

① 涂亦楠：《一带一路倡议下共建资源走廊的思考》，《中国矿业》2018年第8期。

源和中国能源企业的商业利益。目前,中国已与哈萨克斯坦开通中哈石油管道和中亚天然气管道;已与土库曼斯坦开展天然气合作①。未来既有合作如何增大运力,与阿塞拜疆等国能否开通新的管道运输油气资源的关键之一即是环境标准。在这个意义上,环境标准影响管道修筑关乎中国的资源安全。清晰的环境标准将为中国和沿岸国的合作提供明确的指引和坚实的基础。

(三) 里海管道与中国的经济安全

里海油气管道建设也是中国推动"资金融通、设施联通",进入里海乃至全球油气管道建设市场的重要商机。中国在管道建设方面拥有丰富的经验。自1985年中国在渤海埕北油田建设第一条海底输油管道以来,中国已经拥有全球第三的油气管道长度,共有13.52万公里的管道在役②。中哈石油管道,中亚天然气 A、B、C、D 线管道和中缅天然气管道的建设实践彰显了中国在相关领域的先进技术、管理实力和低廉的建设成本。随着2019年中国组建国家油气管道公司,中国应当抓住这一经济机遇,发挥人力与技术优势,积极参与里海管道的规划与建设,推动与里海各国的管道和能源基础设施建设的合作,将"跨里海贸易运输走廊"和"一带一路"倡议对接,并借此打开全球管道建设市场。因此,理解里海管道建设的环境标准,关注其实践应用以及未来的国际影响,才能为中国的油气管道建设和环境服务实践做好物质与技术准备。

(四) 里海管道与中国的环境安全

海洋是全人类共同的财富,环境影响具有跨境的特征。作为贫油

---

① 土库曼斯坦是中国油气进口的第八大国家,天然气最大的进口国,进口量占天然气进口总量的33.38%。
② 中国石油天然气股份有限公司管道分公司:《长输油气管道行业法律风险防控指引》,法律出版社2019年版,第13页。

少气的人口大国，中国在开拓海外油气来源渠道的同时，也应着眼于开发海上油气资源，特别是南海和东海。中国应当借鉴里海地区较为完整的环境标准框架和监管实践，保护海洋环境安全。在国内层面，中国油气管道建设相关的海工产业技术发展日臻成熟。但是海洋油气管道建设的立法和环境监管框架还相对滞后。2010年《石油天然气管道保护法》主要针对陆上油气管道的建设和保护。在海洋油气管道环境保护领域，仅有1983年《海洋石油勘探开发环境保护管理条例》，1989年《铺设海底电缆管道管理规定》，1990年《海洋石油勘探开发环境保护管理条例实施办法》，1992年《铺设海底电缆管理规定实施办法》等行政法规和部门规章进行了调整。立法层级较低，内容滞后导致缺乏管道建设、维护和检验的强制性行业标准和要求[1]，也没有管道弃置[2]等问题的相关规范。导致中国大量的在役管道未得到有效的检测与维护[3]。在国际层面，中国也应当关注与油气管道建设相关的跨境环境风险及其规制，建立对话沟通与信息交流机制，以行业利益为出发点，建构系统、专业、开放性的治理体系。

五 总结

里海油气管道的建设对中国影响重大，涉及政治、经济、资源和环境等安全。里海沿岸国家在《法律地位公约》中从选址论证、建设和管道废弃等阶段为油气管道建设设置了环境和社会影响评价、事故预案制作、污染和风险防控、生态系统维护、利害关系人补偿、废弃

---

[1] 王涛、胡德胜、姜勇：《中国油气管道法律政策与〈能源宪章条约〉的兼容性研究》，《中国人口·资源与环境》2019年第6期。
[2] 康叶伟、左莉、邵磊：《陆上废弃油气管道的安全环保处置》，《油气储运》2016年第12期。
[3] 张墨思：《我国海底油气管道存在严重隐患》，《中国能源报》2013年12月2日第2版。

管道弃置等一系列环境义务。梳理并学习里海管道建设中的环境标准，有利于中国融入全球和区域的治理体系，打开里海乃至国际管道建设的市场，并在建设中保有专业的和可持续的核心竞争力；有助于中国有的放矢地顺利实现南海地区的开发活动，夯实区域有效治理之路。

【国别研究】

哈萨克斯坦新型爱国主义：
基础、路径及影响

韦进深　李芳玲[*]

摘要：爱国主义是国家建构和国家发展的重要内容。2012年，哈萨克斯坦提出"新型爱国主义教育"的命题，并将其作为哈萨克斯坦2050战略的重要内容。新型爱国主义是实现新阶段哈萨克斯坦国家发展战略的意识形态基础。本文从历史背景、文化基础、思想基础、现实需要和有力支撑等方面讨论了新型哈萨克斯坦爱国主义的基础，并从语言、文化、传统和宗教政策、知识阶层的作用等方面对新型哈萨克斯坦爱国主义的构建路径进行了分析。新型哈萨克斯坦爱国主义的重要性体现于在哈萨克斯坦国家发展进程中回答了"谁要爱国"（爱国者主体）、"往哪里去"（爱什么样的国家）和"怎么去"（如何爱国）的问题。

关键词：新型哈萨克斯坦爱国主义；永恒的国家；民族政策

2012年12月，时任哈萨克斯坦总统的纳扎尔巴耶夫发表了题为

---

[*] 韦进深（1982— ），兰州大学中亚研究所、兰州大学政治与国际关系学院副教授。李芳玲：兰州大学政治与国际关系学院硕士研究生。感谢石河子大学中亚教育及人文交流研究中心研究项目支持。

《哈萨克斯坦 2050：健全国家的新政治方针》的国情咨文，① 2050 战略就以下七个领域提出了政策导向和具体目标：经济政策、商业经营、社会政策、知识和职业技能教育、政治制度、外交政策和新型哈萨克斯坦爱国主义。② 纳扎尔巴耶夫明确指出：哈萨克斯坦爱国主义的基础是"全体公民权利平等和面对祖国荣誉的共同责任"。培养新型哈萨克斯坦爱国主义的目标是"维护和巩固社会和谐"，新型爱国主义"是我们的国家、社会和民族生存必不可少的条件"。③ 2014 年，纳扎尔巴耶夫在发表的《光明大道——通往未来之路》的国情咨文中再次提及新型爱国主义，指出新哈萨克斯坦爱国主义的实质就是使"永恒的国家"理念成为全体哈萨克斯坦社会共同的价值观④。

托卡耶夫继任总统后，极为重视爱国主义教育，认为"爱国主义和传统延续性是国家繁荣的主要保障，没有它就没有稳定和发展"⑤，提出了一系列旨在培养年轻一代真正爱国主义精神的活动⑥，指出公民的团结、爱国主义和公民责任是国家改革和改革成功的前提⑦。哈萨克斯坦暴乱发生后，托卡耶夫多次强调爱国主义在维护民族团结和社会稳定，促进国家发展方面的重要作用。

新型爱国主义是凝聚哈萨克斯坦各个民族国家认同、维护民族团

---

① ［哈］努·纳扎尔巴耶夫：《哈萨克斯坦 2050 战略：健全国家的新政治方针》，2012 年国情咨文，本文引用的国情咨文文本为哈萨克斯坦驻上海总领事馆提供的中文译本。

② ［哈］努·纳扎尔巴耶夫：《哈萨克斯坦 2050 战略：健全国家的新政治方针》，2012 年国情咨文。

③ ［哈］努·纳扎尔巴耶夫：《哈萨克斯坦 2050 战略：健全国家的新政治方针》，2012 年国情咨文。

④ ［哈］努·纳扎尔巴耶夫：《同一个目标、同一个利益、同一个未来》2015 年度国情咨文，本文引用的国情咨文文本为哈萨克斯坦驻上海总领事馆提供的中文译本。

⑤ 《托卡耶夫总统：爱国主义和传统延续性是国家繁荣的主要保证》，哈萨克斯坦国际通讯社网站：https：//www.inform.kz/cn/article_ a3516472，访问时间：2022 年 3 月 12 日。

⑥ 《建设性的社会对话——哈萨克斯坦稳定与繁荣的基础》2019 年国情咨文，哈萨克斯坦国际通讯社网站：https：//www.inform.kz/cn/article_ a3562961，访问时间：2022 年 3 月 8 日。

⑦ 《新现实中的哈萨克斯坦：采取行动的时期》，哈萨克斯坦国际通讯社网站：https：//www.inform.kz/cn/2020_ a3692103，访问时间：2022 年 3 月 8 日。

结、保持社会稳定的基本价值观,是哈萨克斯坦国家意识形态的重要内容。本文对新型哈萨克斯坦爱国主义的基础、路径进行了较为详细的梳理,并在此基础上对新型哈萨克斯坦爱国主义教育的影响展开讨论。

一 新型哈萨克斯坦爱国主义的基础

新型爱国主义是哈萨克斯坦独立后,为实现社会稳定、民族团结和促进经济发展,在总结历史文化传统、国家构建与国家发展经验基础上,引导民众加强对国家、民族和文化的归属感、认同感和荣誉感而提出的价值观念,是哈萨克斯坦国家意识形态的重要组成部分。新型哈萨克斯坦爱国主义教育的基础包括以下几个方面:

第一,哈萨克斯坦民族和国家建构的历史是新型爱国主义提出的重要前提。哈萨克斯坦将突厥王国视为哈萨克斯坦先人建立的第一个国家形态。"哈萨克草原是伟大突厥的一部分。"[1] 纳扎尔巴耶夫曾明确指出:"距今1500年前,我们的先辈们建立了自己的第一个国家——突厥王国。欧亚的许多国家,其中也包括我们的民族都是这个王朝延续至今的支脉。"[2] 公元7世纪,随着阿拉伯人在阿拉伯半岛的崛起和向外扩张,包括哈萨克斯坦在内的整个中亚地区开始了伊斯兰化的进程。12世纪末13世纪初,随着蒙古帝国的崛起,哈萨克斯坦的大部分区域和人民都处于蒙古人建立的钦察汗国(金帐汗国)的统治之下。金帐汗国的建立,进一步促进了哈萨克草原的民族融合,为近代哈萨克民族的形成奠定了基础。"成吉思汗用武力统一游牧民族

---

[1] [哈]努·纳扎尔巴耶夫:《在历史的长河中》,李永庆等译,民族出版社2005年版,第59页。
[2] [哈]努·纳扎尔巴耶夫:《哈萨克斯坦独立的历史必然与现实》,民族出版社2000年版,第43页。

也正是着眼于中央集权管理和赋税征敛。这为哈萨克斯坦疆域的统一创造了条件。"①

随着近代哈萨克族的形成,1456年,哈萨克汗国建立。哈萨克汗国是近代哈萨克民族形成后建立的第一个民族国家政权形式。哈萨克汗国建立后,"产生了哈萨克、乌兹别克和其他民族的民族划分……在这块土地上产生了新的民族政治质地——那就是形成了具有自己民族意识的民族和突厥语民族的国家"②。这一时期,在与中亚其他汗国争夺领土的战争中,哈萨克汗国的中央集权和政治体制得以巩固,促进了新兴的哈萨克民族的发展壮大。1723年,准噶尔人大举进犯哈萨克斯坦汗国,哈萨克斯坦汗国蒙受惨重损失。准噶尔的入侵被哈萨克斯坦史书称为"大灾难时期"。头克汗去世后,哈萨克汗国内部争夺汗位的斗争愈演愈烈。1730年,哈萨克汗国形成了三个玉兹分裂的局面。

18世纪,沙皇俄国向中亚扩张。1818年,沙俄将中玉兹的领地纳入沙俄的版图。1824年,小玉兹被沙俄吞并。1876年,沙俄吞并浩罕汗国,原大玉兹的领地也随之并入沙俄版图。由此,沙俄完成了对哈萨克草原的吞并。"尽管哈萨克斯坦被归并俄罗斯的手段五花八门,但它的意义只有一个,那就是殖民统治。"③俄的殖民统治加重了哈萨克人的负担,引发了哈萨克人反抗沙俄殖民统治的起义斗争,其中影响巨大的有1836年阿不赉汗的孙子肯尼萨尔领导的长达10年的反俄起义和1856年由利加·努尔马哈默多夫巴图鲁领导的起义。在反抗沙俄殖民统治的斗争中,1917年7月,哈萨克斯坦的资产阶级民族主义政党——阿拉什党在奥伦堡建立。

苏维埃政权建立后,成立了吉尔吉斯苏维埃社会主义自治共和国。

---

① [哈]努·巴扎尔巴耶夫:《哈萨克斯坦独立的历史必然与现实》,第44页。
② [哈]努·纳扎尔巴耶夫:《在历史的长河中》,第82页。
③ [哈]努·纳扎尔巴耶夫:《哈萨克斯坦独立的历史必然与现实》,第47页。

哈萨克斯坦新型爱国主义：基础、路径及影响

苏联政府完成了在中亚地区的民族划界后，1925 年，哈萨克斯坦恢复了历史名称，改称为哈萨克苏维埃社会主义共和国。1936 年定名为哈萨克苏维埃社会主义共和国，成为苏联加盟共和国。苏联卫国战争期间，作为大后方，哈萨克斯坦接收了苏联有计划地向东部地区的移民，哈萨克斯坦的人口数量和民族构成由此发生了很大的变化。20 世纪 80 年代，苏联的社会政治经济危机日益严重，在哈萨克斯坦，整个 80 年代，是民族矛盾凸显的时期。1986 年年底，因不满俄罗斯人担任哈共第一书记，在首都阿拉木图爆发了大规模游行示威活动，并导致流血事件。1991 年 12 月 16 日，哈萨克斯坦宣布国家独立，并以创始国身份加入"独联体"。哈萨克斯坦作为真正独立的主权国家，翻开了历史新的一页。

纳扎尔巴耶夫在回顾哈萨克斯坦独立的历史时称："哈萨克民族的历史就是为了独立而不懈斗争的历史……哈萨克斯坦的独立历史并不是昨天才记载在白纸上的神话，她有着悠久的过去。"[①] 因为建国和独立的艰难让哈萨克斯坦人对于爱国有了更深的体会与渴望。

第二，哈萨克斯坦多民族的构成和实现国家构建及国家发展是新型爱国主义的现实选择。沙俄统治时期和苏联时期，政府向中亚的大规模移民改变了这一地区的民族构成，对哈萨克斯坦的社会文化产生了重大影响。沙俄时期，仅 1891—1892 年，就有 100 多万俄罗斯人迁移到哈萨克草原。苏联时期，尤其是卫国战争期间，大量西部地区的居民迁入哈萨克斯坦，主要是俄罗斯族人、白俄罗斯族人、乌克兰人、日耳曼人、鞑靼人、车臣人、波兰人等，这些"新移民"的迁入不但改变了哈萨克斯坦的人口数量和民族构成，而且改变了哈萨克斯坦的经济、社会和文化结构。"苏联的目的是人为地制造人们对不同民族和语言群体的归属感，以此来代替中亚人的文化和历史。"[②] 1939 年，

---

① ［哈］努·纳扎尔巴耶夫：《哈萨克斯坦独立的历史必然与现实》，第 42 页。
② ［美］胡曼·佩马尼：《虎视中亚》，王振西译，新华出版社 2002 年版，第 74 页。

哈萨克族人只占哈萨克斯坦人口比重的33.8%，而俄罗斯族人口已上升到了40.2%。

哈萨克斯坦独立后，面对不同社会文化背景的移民所改变的民族结构的现实，如何维护多民族国家的统一和发展是哈萨克斯坦独立后面临的主要问题，哈萨克斯坦提出了建立以公民社会为导向的民族和睦政策。纳扎尔巴耶夫明确指出："塑造新的哈萨克斯坦公民已经成为关系我们国家基础的，迫切需要解决的政治问题之一。我们正在向政治统一、公民团结的方向努力。而且哈萨克斯坦民族不是以什么新的民族联合体，而是必须以多民族公民联合体的形式出现。"① 哈萨克斯坦在保障国家统一和稳定的前提下积极倡导文化多元化，实行民族文化自治，允许各民族建立文化中心，以保护和实现每个民族发展民族文化的要求和愿望。

除了深植于哈萨克斯坦民族文化的包容外，哈萨克斯坦独立后跨越式发展的现实更需要新型爱国主义的强力支撑。1997年，哈萨克斯坦逐渐摆脱了独立初期所面临的困境，开始走向经济发展的道路。总统纳扎尔巴耶夫在当年的总统国情咨文《哈萨克斯坦2030——繁荣、安全和全体哈萨克人民福利改善》中，首次提出了哈萨克斯坦到2030年的战略性远景目标，即哈萨克斯坦2030战略，并明确提出，"到2030年，哈萨克斯坦将成为'中亚的雪豹'，成为其他发展中国家的榜样。"② 进入新世纪以来，哈萨克斯坦政治稳定、经济快速发展、民生逐步改善，开始步入发展的快车道，朝着既定战略目标快速发展，取得了令人瞩目的成就。2012年12月，哈萨克斯坦宣布已经提前完成了2030战略的任务，并提出了2050战略，在2050年前要跻身世界最发达国家前30强。

---

① ［哈］努·纳扎尔巴耶夫：《哈萨克斯坦独立的历史必然与现实》，第100页。
② ［哈］努·纳扎尔巴耶夫：《"繁荣，安全和全体哈萨克斯坦人民福利改善"——哈萨克斯坦2030》，总统对哈萨克斯坦人民所作的国情咨文，本文引用的国情咨文文本为哈萨克斯坦驻上海总领事馆提供的中文译本。

哈萨克斯坦跨越式发展的实践证明了稳定对于一个国家发展的重要性，只有民族和睦，尊重不同宗教的信仰，维护国家和社会的稳定，才能够推动国家的长期发展。国家构建和发展的实践为新型爱国主义提供了现实依据。

第三，建设"永恒的国家"和应对新时期的挑战是新型爱国主义的未来方向。2015年7月，哈萨克斯坦总统纳扎尔巴耶夫在《同一个目标、同一个利益、同一个未来》的国情咨文中，提出了"永恒的国家"的概念，并明确指出："永恒的国家——这是我们的国家理念，是我们哈萨克斯坦家园的灵魂，是我们祖先的梦想。在22年的主权发展中，我们建立了把所有哈萨克斯坦人团结在一起、为我们国家的未来奠定基础的核心价值观。"① "永恒的国家"思想是在对哈萨克斯坦民族团结、社会经济发展和现代化建设经验理念总结的基础上所形成的指导哈萨克斯坦未来发展的核心价值观，在哈萨克斯坦政治、经济、社会、文化发展中具有重要的意义。托卡耶夫认为"这一思想科学地概括了民族团结、社会稳定、国家稳步发展等方面主要的价值观"②。

世界经济复苏放缓、新冠肺炎疫情的暴发和2022年年初哈萨克斯坦国内发生暴乱对哈萨克斯坦社会稳定和经济发展构成了巨大的风险和挑战。此外，哈萨克斯坦仍然存在民族问题、语言问题和宗教问题的潜在风险。《关于哈萨克斯坦共和国至2025年的国家优先事项》文件中将促进爱国主义列为近期十大改革领域之一③。对哈萨克斯坦来说，新型爱国主义的实质就是使"永恒的国家"理念成为全体哈萨克斯坦社会共同的价值观。④ 这为哈萨克斯坦新型爱国主义指

---

① ［哈］努·纳扎尔巴耶夫：《同一个目标、同一个利益、同一个未来》，2015年度国情咨文。
② 《参议院议长："永恒的国家"思想在哈萨克斯坦发展史上具有重要地位》，哈萨克斯坦国际通讯社网站，http://www.inform.kz/chn/article/2697027，访问时间：2022年3月4日。
③ 《哈萨克斯坦已批准至2025年的发展计划》，哈萨克斯坦国际通讯社网站，https://www.inform.kz/cn/2025_a3762008，访问时间：2022年3月9日。
④ 《光明大道——通往未来之路》，2014年国情咨文，哈萨克斯坦国际通讯社网站：https://www.inform.kz/cn/article_a2716314，访问时间：2022年3月13日。

明了未来的发展方向。

二 新型哈萨克斯坦爱国主义的建设路径

第一，强调新型爱国主义是一种没有民族分别并且能够凝聚整个社会的精神。

独立之初，哈萨克斯坦提出了"主体民族化"的政策主张，在政治、经济、社会、文化各领域加强主体民族的地位。但哈萨克斯坦多民族的民族构成现实与"主体民族化"的政策产生了冲突。这对国家的发展、社会的稳定以及族群关系产生了消极影响。纳扎尔巴耶夫认识到只有"逐步稳妥地解决自己的民族问题，才能成为强盛、独立、自主和领土完整的国家"，强化"公民"意识、培育具有现代意识的公民社会，成为哈萨克斯坦民族政策的主要内容。正如纳扎尔巴耶夫总统所言："我们已经建立了哈萨克斯坦共和国，现在我们的任务是创建哈萨克斯坦人。"①

哈萨克斯坦领导人强调新型爱国主义是一种没有民族分别并且能够凝聚整个社会的精神，"哈萨克斯坦人民的命运相同，这是爱国主义教育的一个要点"。新型爱国主义，是一种涵盖了哈萨克斯坦所有民族的爱国主义，目的是"构建一个机会均等和法律面前人人平等的社会"。② 其着眼点在于凝聚哈萨克斯坦整个社会的人心、激发人们的爱国主义热情，消除和避免潜在的民族矛盾和民族冲突，推动民主和睦相处，进而推动整个国家的发展和社会稳定。"如果希望我们的国家强大，那么我们就不要去晃动这条船，破坏来之不易的和平

---

① ［哈］努·纳扎尔巴耶夫:《哈萨克斯坦共和国第七次各民族大会报告》，转引自李琪《哈萨克斯坦共和国民族政策取向：从"主体民族化"到"国家民族之构建"》，《新疆大学学报》（哲学·人文社会科学版）2009 年第 1 期。

② ［哈］努·纳扎尔巴耶夫:《哈萨克斯坦 2050 战略：健全国家的新政治方针》，2012 年国情咨文。

与秩序。"①

第二,语言、文化、传统和特色传承是新型爱国主义建设的重要内容。

新型哈萨克斯坦爱国主义将语言政策视作一个非常重要的凝聚因素。哈萨克斯坦《语言法》规定,哈萨克语是哈萨克斯坦的国语,俄语与哈语一样是国家机关和地方自治机关的官方语言。新型哈萨克斯坦爱国主义将哈语视作"国家主权王冠上的中心钻","将继续努力全面巩固国语的地位,继续采取综合措施加大哈语的普及力度"。使"哈萨克语成为哈萨克斯坦人民的凝聚器"②。国家的主要措施包括:从2025年起着手实现哈文字母拉丁化的过渡;进一步完善哈萨克语,使其更具现代特色,目标是到2020年95%的哈萨克斯坦人将掌握哈萨克语。到2025年哈萨克语将成为社会各领域使用的主导语言和人们日常交流的语言,也鼓励哈萨克斯坦人在学习哈萨克语的同时学习俄语和英语。

珍惜民族文化与传统,在复兴主体民族文化的同时构建保证其他民族文化发展、维护民族团结和促进国家稳定发展的全哈萨克文化模式是哈萨克斯坦文化战略的主要目标,也是新型哈萨克斯坦爱国主义的重要内容。"我们的任务是在于把哈萨克民族文化的多样性转化成社会发展的积极因素。"③ 纳扎尔巴耶夫提出,哈萨克斯坦的文化政策是建立在以下事实基础之上的:第一,哈萨克斯坦具有民族文化的多样性——这是我们的优势,也是发展的潜力,而不是命运安排的陷阱。第二,只有哈萨克文化本身表现出自己的开放性,哈萨克文化对国内所有民族的整合潜力才能得到实现。第三,哈萨克斯坦所有民族的文

---

① [哈] 努·纳扎尔巴耶夫:《哈萨克斯坦2050战略:健全国家的新政治方针》,2012年国情咨文。
② [哈] 努·纳扎尔巴耶夫:《哈萨克斯坦2050战略:健全国家的新政治方针》,2012年国情咨文。
③ [哈] 努·纳扎尔巴耶夫:《在历史的长河中》,第108页。

化都是相互联系和相互依存的。① 一方面，哈萨克斯坦的政治精英希望通过重新发掘哈萨克民族的历史文化遗产，唤醒哈萨克人的民族意识和民族精神，加强哈萨克族在国家的主体民族地位。另一方面，面对哈萨克斯坦是一个多民族国家的现实，哈萨克斯坦的政治精英希望在民族文化体系进行对话的基础上实现文化的融合，从而形成遍及"哈萨克斯坦人"的全哈萨克斯坦文化。

第三，重视国家知识阶层在构建新型哈萨克斯坦爱国主义中的作用。

哈萨克斯坦独立后，曾举行隆重的活动纪念哈萨克历史上的民族英雄、政治精英和文化名人，纳扎尔巴耶夫等领导人出席纪念活动并发表讲话，其目的在于通过纪念哈萨克斯坦的政治、文化精英来唤起哈萨克斯坦民众的民族自豪感和爱国热情，维护国家的独立和建设国家。新型爱国主义认为知识阶层在精神发展方面扮演了主要角色，因此非常重视国家知识阶层的作用，在建设新型爱国主义的过程中，强调知识阶层应扮演起国家迈向成熟阶段全民新价值观推动者的角色，在开拓未来思维模式和世界观模式、树立国家历史意识等方面发挥重要作用。

第四，新型爱国主义要求树立正确的宗教观念，反对宗教激进主义、极端主义和恐怖主义。

哈萨克斯坦《宪法》规定，哈萨克斯坦共和国是民主的、世俗的、法制的和社会的国家。公民享有宗教信仰的自由，不得因为宗教信仰的原因而受到歧视。独立后，哈萨克斯坦宗教文化思想开始复兴，出现了各种各样的宗教派别和宗教团体，这与哈萨克斯坦相对宽容的宗教观念和宗教政策不无关系。但是，为了维护国家的政治稳定和民族和睦，哈萨克斯坦明确反对宗教激进主义、极端主义和恐怖主义。

---

① ［哈］努·纳扎尔巴耶夫：《在历史的长河中》，第107页。

新型哈萨克斯坦爱国主义要求民众树立符合本国传统和文化准则的宗教意识。"国家和公民要形成统一战线，共同抵御各种形式的激进主义、极端主义和恐怖主义。"① 主要做到：进一步完善立法，消除宗教激进主义和极端主义的影响；建立新的可靠机制，化解社会、民族和宗教的矛盾和冲突；在社会特别是青少年中间加强预防宗教极端主义的力度；在"世界与传统宗教领袖大会"对话平台基础上建立促进解决宗教冲突的新机制；充当热点地区的调解人，包括在中东地区甚至更宽广的国际范围内协助解决宗教和民族冲突。②

第五，在实践中加强新型爱国主义的学校教育、社会教育和公民教育。

纳扎尔巴耶夫认为，爱国主义的组成"就是了解国家历史、尊重国家、不断发展自己、诚实守信和刻苦勤奋，无所事事和虚伪的人永远无法成为爱国者。"③ 哈萨克斯坦非常注重加强爱国主义教育，主要方式是通过公民教育、学校教育和社会教育来进行。

首先，学校教育是新型爱国主义教育的主要渠道。哈萨克斯坦的《教育法》明确提出："教育制度的主要任务是基于国家价值观和普世价值，为人品的形成和发展，科学与实践的实现创造必要的条件。"哈萨克斯坦教育基础较好，这为通过学校加强新型爱国主义教育提供了基础。以语言学习为例，为巩固哈萨克语的国语地位，哈萨克斯坦根据现实需要，不断出台相关法律法规和发展纲要，调整其语言政策，最终确立了"三位一体"的语言政策，明确提出"哈萨克语是国语（母语），俄语是族际交际语，英语是顺利融入全球经济的语言"。这

---

① ［哈］努·纳扎尔巴耶夫：《哈萨克斯坦2050战略：健全国家的新政治方针》，2012年国情咨文。
② ［哈］努·纳扎尔巴耶夫：《哈萨克斯坦2050战略：健全国家的新政治方针》，2012年国情咨文。
③ 哈萨克斯坦国际通讯社：https://www.kazpravda.kz/en/news/president/kassym-jomart-tokayev-about-kazakhstani-patriotism，访问时间：2022年1月30日。

有利于巩固哈萨克语的国语地位，加强学生对哈萨克斯坦历史和哈萨克文化的了解，培养学生的国家认同和文化认同。在学习的过程中，哈萨克斯坦《教育法》规定每个学生都要接受一定时长和程度的爱国主义教育。

其次，社会教育在加强新型爱国主义教育中的重要性日益增强。

历史伟人的纪念活动是社会层面上爱国主义教育的重要组成部分。哈萨克斯坦从历史和文化传统中发掘爱国主义教育资源，并通过设立纪念日、举行国家纪念活动、以英雄人物命名重要建筑物的方式进行爱国主义教育。如阿拜·库南巴耶夫是哈萨克斯坦的伟大诗人、思想家，哈萨克斯坦政府将 8 月 10 日命名为"阿拜日"，每年"阿拜日"都举行阿拜诗歌朗诵大会、诗歌接力赛、阿拜作品学术研讨会等纪念活动。2021 年 3 月 5 日是哈萨克斯坦解放领袖阿里汗·博凯汗诞辰 155 周年纪念日，托卡耶夫总统在推特发文，称其"是哈萨克人民最杰出的子嗣，阿拉什民族运动解放的奠基者，为保护民族权益不懈奋斗，展现了爱国主义者的最佳典范"①。为了纪念第二次世界大战女英雄，国家决定将阿克托别国际机场更名为阿丽娅·莫勒达古洛娃国际机场。为了纪念拉赫姆詹·霍什卡尔巴耶夫将胜利旗帜插上德国柏林国会大厦，哈萨克斯坦在首都为其建立了一座纪念碑。哈萨克斯坦还积极保护弘扬传统文化，每年 3 月中旬的纳乌鲁斯节是中亚国家的传统节日，它意味着春天的来临，希望的开始。每一个哈萨克斯坦人会在这一天全家团聚，歌颂祖国。3 月 1 日是感恩节，纳扎尔巴耶夫讲到"感恩节旨在成为爱国主义、友谊和文化多样性的一天"②。总之，哈萨克斯坦从历史入手，运用宣传手段的多样化、数字化，激发人民内心深处的爱国主义精神。

---

① 《总统推特：阿里汗·博凯汗是爱国主义者的最佳典范》，哈萨克斯坦国际通讯社：https://www.inform.kz/cn/article_a3760940，访问时间：2022 年 1 月 23 日。
② 哈萨克斯坦国际通讯社：https://www.kazpravda.kz/en/news/society/day-of-gratitude-marked-in-kazakhstan，访问时间：2022 年 1 月 30 日。

在实际生活中,哈萨克斯坦也将爱国主义符号化,号召人民尊重国旗、国徽等国家符号,因为"尊重国家符号能够反映对国家的尊重,国家符号也是国家稳定的代名词,国家稳定是形成民族精神、社会和谐和爱国主义教育的最重要工具"①。国家标志是人民对国家认同的实物载体,同时也是民族认同的象征。在抗击疫情期间,托卡耶夫总统号召在首都建立一个致敬抗疫人员的纪念碑,以鼓励哈萨克斯坦人民的英勇精神②。

最后,公民教育是新型爱国主义教育的重要组成部分。

作为多民族的国家,哈萨克斯坦政府将公民教育视为新型爱国主义教育的重要组成部分。现代化的公民和公民社会对于加强哈萨克斯坦民族团结、维护社会稳定、促进经济发展具有重要意义。哈萨克斯坦制定了开放包容的文化政策、民族政策和宗教政策,为各民族的文化和语言发展提供了较为有利的环境。在哈萨克斯坦独立日,哈萨克斯坦各级政府举办各种文化活动,进行爱国主义公民教育。哈萨克斯坦鼓励民众参与国家战略和规划的制定与实施,鼓励公民性的非政府组织的发展,致力于促进民族文化建设,增强民众的公民意识。

三 新型哈萨克斯坦爱国主义的影响

新型哈萨克斯坦爱国主义是对过去哈萨克斯坦国家构建和发展、民族关系和社会发展实践的经验总结,③ 哈萨克斯坦制定了淡化民族

---

① 哈萨克斯坦国际通讯社网站:https://www.kazpravda.kz/en/news/society/rk-state-secretary-named-most-important-tool-for-formation-of-national-spirit,访问时间:2022年1月30日。
② 《总统:需要在首都设立抗击疫情一线英雄人物的纪念碑》,哈萨克斯坦国际通讯社网站:https://www.inform.kz/cn/article_a3664952,访问时间:2022年1月28日。
③ [哈] 努·纳扎尔巴耶夫:《在历史的长河中》,第146页。

意识，强调人权和公民意识的民族政策，在爱国主义的教育下，哈萨克斯坦基本上维护了民族和睦和社会的稳定，为哈萨克斯坦经济发展发挥了重要作用。新型爱国主义的影响主要体现在以下几个方面：

第一，从历史和传统文化中寻找答案，解决了"谁要爱国"（爱国者主体）的问题。

哈萨克斯坦的历史经历了以下三个阶段：单一哈萨克民族形成的"突厥王国—哈萨克汗国"时期、沙俄殖民时期和作为加盟共和国而存在的苏联时期。哈萨克斯坦独立后，面对民族构成发生重大改变的事实，构建新型哈萨克斯坦爱国主义首先要解决的就是"谁要爱国"，即爱国者主体的问题。

新型哈萨克斯坦爱国主义把复兴哈萨克斯坦主体民族文化作为重要的内容，一方面，通过对传统文化的搜集、研究和修复，使哈萨克族的祖先崇拜、英雄崇拜以及七个支系、习惯法体系等传统得到肯定和弘扬。通过共同的历史文化记忆，加强主体民族的团结，唤起人们维护国家独立和统一、建设祖国的热情。另一方面，新型哈萨克斯坦爱国主义承认哈萨克斯坦是一个多民族国家和民族文化多样性的事实，强调哈萨克文化的开放性和融合性，提出了在哈萨克斯坦文化空间内不同文化相互联系、相互依存，构建全哈萨克文化模式的概念。为此，哈萨克斯坦吸取沙俄和苏联时期的经验教训，反对狭隘的民族主义，主张在公民社会的基础上构建"全哈萨克斯坦人"的共同体。

新型哈萨克斯坦爱国主义从历史和传统文化中汲取营养的一个例证是"永恒的国家"的提出。如前所述，"永恒的国家"是哈萨克斯坦的国家理念和核心价值观。纳扎尔巴耶夫总统明确提出，"永恒的国家"直接来源于后突厥汗国的贵族暾欲谷曾提出的"突厥人的理想——永恒的国家"。"这是我们全民族思想、国家的历史、我们的历史渊源。全民族思想的确立关键在于人民的团结。分歧不合、纷争不断之地从来就没有全民族思想确立的基础。"①

第二，出台国家发展战略，解决了"往哪里去"（爱什么样的国家）的问题。

从哈萨克斯坦 2030 战略到 2050 战略，再到光明大道计划，哈萨克斯坦通过总结分析国内国际形势，以总统国情咨文的方式公布国家的发展战略，提出每一个阶段国家发展的具体战略目标，对各个领域进行具体战略部署。一方面使人民认识到国家取得了什么样的发展进步，另一方面也描绘了国家未来发展的蓝图，使人民明白哈萨克斯坦要往哪里去。从爱国主义的视角来看，这解决了哈萨克斯坦人爱什么样的国家的问题。

哈萨克斯坦 2030 战略提出了做"中亚的雪豹"，成为发展中国家榜样的发展目标。2050 战略提出了跻身世界最发达国家前 30 强的发展目标。在政治、经济、社会、公民教育、外交等领域进行战略部署，明确提出 2050 年的哈萨克斯坦"是一个全民劳动的社会：国家经济强健，一切都为人民服务，有良好的教育和卫生医疗条件，处处洋溢着和平与安宁，公民自由公平，权力公正，法律至上"②。回答了新型哈萨克斯坦爱国主义"爱什么样的国家"这一问题。

第三，各项措施规划务实具体，解决了"如何爱国"的问题。

从新型哈萨克斯坦爱国主义的内容看，哈萨克斯坦构建新型爱国主义的各项措施规划地非常务实具体。在公民社会建设和公民培育上，新型哈萨克斯坦爱国主义在民族关系问题上不应存在任何双重标准，而是要"构建一个机会均等和法律面前人人平等的社会"。在语言政策上，新型哈萨克斯坦爱国主义明确提出巩固哈萨克语的国语地位，提出了发展哈萨克语的具体措施和时间节点，创造条件让哈萨克斯坦

---

① ［哈］努·纳扎尔巴耶夫：《光明大道——通往未来之路》，2014 年国情咨文。
② ［哈］努·纳扎尔巴耶夫：《哈萨克斯坦 2050 战略：健全国家的新政治方针》，2012 年国情咨文。

人在学习哈萨克语的同时学习俄语和英语。在文化传统方面，新型哈萨克斯坦爱国主义要求珍视本国的民族文化与传统，保护文化的多样性和传统性。此外，新型哈萨克斯坦爱国主义对知识阶层提出了具体要求，例如在宗教方面，要求树立符合本国传统和文化准则的宗教意识，保障宗教信仰自由的同时要求国家和公民要形成统一战线，共同抵御各种形式的激进主义、极端主义和恐怖主义。

新型哈萨克斯坦爱国主义辩证地看待国家与公民的关系，认为国家和公民在主要方面的目标是一致的。一方面，国家应保障公民个人和职业的发展，使公民对未来充满信心。"如果国家能够保障每一位公民的生活质量、安全、平等机会和发展前景，我们就会爱国，就会为她骄傲。"① 另一方面，公民应当为国家取得的成就感到骄傲。在哈萨克斯坦2050战略中，纳扎尔巴耶夫明确指出，到2050年，哈萨克斯坦将建成"确保所有哈萨克斯坦国民都有机会参加国内的政治进程"的政治制度。这表明，新型哈萨克斯坦爱国主义并非是一种空谈，而是一种从现实出发的务实的爱国主义，回答了"如何爱国"的问题。

四 结语

哈萨克斯坦独立后，以哈萨克斯坦2030战略的出台为标志，形成了适合本国国情的国家发展战略和发展模式。在这一战略和模式的指导下，哈萨克斯坦在政治、经济、社会和文化等领域取得了显著成绩。2012年，在哈萨克斯坦2030战略所确立的基本任务已经完成，国内、国际政治形势发生深刻变化的背景下，纳扎尔巴耶夫以发表国情咨文的方式提出了哈萨克斯坦2050战略，对哈萨克斯坦未来较长时期的国

---

① ［哈］努·纳扎尔巴耶夫：《哈萨克斯坦2050战略：健全国家的新政治方针》，2012年国情咨文。

家发展做出了战略部署。为了实现哈萨克斯坦 2050 战略所提出的"跻身世界最发达国家前 30 强"的战略目标、坚持"哈萨克斯坦之路"的发展模式、维护民族和睦和社会稳定，2050 战略将新型哈萨克斯坦爱国主义作为重要内容列入其中，新型哈萨克斯坦爱国主义引起了国内外的普遍重视和高度关注。

新型哈萨克斯坦爱国主义对"谁要爱国"（爱国者主体）、"爱什么样的国家"、"如何爱国"等核心问题进行了明确回答，在哈萨克斯坦国家社会经济发展过程和国家意识形态领域中具有重要的地位。需要指出的是，随着政治经济形势的变化，新型哈萨克斯坦爱国主义仍面临巨大的挑战。

"哈核问题"与纳扎尔巴耶夫"理性弃核外交"研究

王凯华[*]

摘要：苏联解体之后，新生的哈萨克斯坦继承了其部分核遗产，"哈核问题"随之产生。围绕核武器的去留问题，哈萨克斯坦国内的"鹰派"与"鸽派"人士提出了各自不同的主张。面对哈萨克斯坦国内外的不同声音，首任总统纳扎尔巴耶夫在充分考虑了独立初期的客观形势后，顶住压力，做出了以弃核为筹码，针对美俄等大国开展坚决的外交斗争的决定，努力为哈萨克斯坦追求安全保证、经济援助、国际声望等理性目标。在哈萨克斯坦内外的共同努力之下，"哈核问题"最终得以顺利解决，哈萨克斯坦也在弃核之后获得了安全与发展，并成为国际核裁军与核不扩散事业中的和平典范。纳扎尔巴耶夫的"理性弃核外交"取得了成功。

关键词："哈核问题"；纳扎尔巴耶夫；哈萨克斯坦；"理性弃核外交"

引　言

2021年适值哈萨克斯坦独立三十周年，也恰逢苏联解体所引发的

---

[*] 王凯华，北京大学区域国别研究院博士研究生，中亚研究方向。

"哈核问题"与纳扎尔巴耶夫"理性弃核外交"研究

哈核问题出现的三十周年。苏联解体之后，新生的哈萨克斯坦面临着一系列棘手的难题与严峻的挑战，如何处理苏联部署在其土地上的核遗产问题便是其中之一。时值20世纪90年代，正是冷战结束后核武器扩散的高峰时期：印度、巴基斯坦进行了多次核试验，并于1998年几乎同时宣布成为拥核国家；伊拉克、伊朗、朝鲜三国则先后启动了核武器研制进程，加紧进行铀浓缩活动；就连卡扎菲治下的利比亚也高调宣布了自己的核武器计划，打算通过购买核弹头等方式成为拥核国家。作为苏联核遗产的继承国之一，哈萨克斯坦轻易就拥有了许多国家梦寐以求的庞大核武库。但出人意料的是，哈萨克斯坦并未借此跻身核大国俱乐部，而是在纳扎尔巴耶夫的领导下，做出了主动放弃核武器、实现国家无核化的重大决定。

在许多国家都在追求核武器的20世纪90年代，纳扎尔巴耶夫主动弃核决定所造成的国际冲击不啻一场真正的"核爆"。因为这一决定违背了"核威慑战略"的基础逻辑，挑战了"核武器有利于国家安全"的思维模式。如果从传统的国家安全观念出发，纳扎尔巴耶夫的弃核决定将使哈萨克斯坦主动暴露在有核国家的威胁之下，这无疑是在国际压力之下，置国家利益于不顾的非理性行为。

但是，如果仔细审视"哈核问题"的历史，我们能够发现：与被动放弃核武器的决定不同，纳扎尔巴耶夫的弃核决定并不是在国际压力之下所做出的无奈让步，更不是损害国家利益的冒险行为，而是基于哈萨克斯坦独立初期的客观现状做出的"以退为进"的理性外交抉择。纳扎尔巴耶夫所做出的自愿放弃核武器的决定并不意味着哈萨克斯坦是无条件地放弃了核武器。相反，纳扎尔巴耶夫以弃核为外交筹码，领导哈萨克斯坦进行了灵活但坚决的外交斗争，与美俄等大国展开了激烈的外交博弈，在后冷战时代的国际舞台上坚定地维护了新生哈萨克斯坦的国家利益。

鉴于此，"哈核问题"与纳扎尔巴耶夫的"理性弃核外交"值得研究者予以关注。但是相比于"朝核问题"与"伊核问题","哈核问题"在学术界并不是一个热门的研究主题。现有关于"哈核问题"的研究大体可以分为四个方面:哈萨克斯坦弃核原因的研究;哈萨克斯坦弃核过程的研究;美国等大国在"哈核问题"中的作用研究;弃核后的哈萨克斯坦核政策研究。

具体来看,对于哈萨克斯坦弃核的原因,多篇研究文献均认为,严峻的国内外形势限制了独立之初的哈萨克斯坦在核问题上的选项,迫使哈萨克斯坦政府放弃核武器以换取外部援助,从而巩固新生的国家政权。① 在哈萨克斯坦弃核过程的研究方面,多位学者聚焦于哈萨克斯坦放弃核武器的国内决策过程,并涉及了哈萨克斯坦与美俄两国的外交谈判经过。② 其中阿努尔·阿亚兹别科夫(Anuar Ayazbekov)以档案材料为基础,还原了从1991年12月16日国家独立到1992年5月23日签订《里斯本议定书》③ 期间哈萨克斯坦高层在核问题上的决策过程,并指出纳扎尔巴耶夫及其幕僚在弃核问题上采取迂回策略的原因:最大化哈萨克斯坦的国家利益。④

关于美国等大国在哈萨克斯坦弃核过程中所发挥的作用,石强和张箭是将哈核问题作为一个案例,置于美国处理苏联核遗产的研究主

---

① 何玉阳:《哈萨克斯坦弃核的理性分析》,《东南大学学报》(哲学社会科学版)2010年6月第12卷增刊。Aigerim Idirissova, "Beyond Survival: Power Continuity through Nuclear Compliance in Kazakhstan", M. D. dissertation, Jilin University, 2013.

② 田聿、科京:《"世界第四核大国"的消失》,《坦克装甲车辆·新军事》2016年第11期。Gani M. Karasayev, Kanat A. Yensenov, et al., "N. A. Nazarbayev and the Problem of Nuclear Weapons in the History of Independent Kazakhstan", *Utopía y Praxis Latinoamericana*, Vol. 23, No. 82, 2018. William C. Potter, "The Politics of Nuclear Renunciation: The Cases of Belarus, Kazakhstan, and Ukraine", the Henry L. Stimson Center: *Occasional Paper*, No. 22, April 1995.

③ 1992年5月23日,哈萨克斯坦、乌克兰、白俄罗斯、美国、俄罗斯五国签订了《里斯本议定书》(Lisbon Protocol),哈乌白三国承诺实现国家无核化,彻底拆除战略核武器,并在未来以非核国家身份加入《不扩散核武器条约》。

④ Anuar Ayazbekov, "Kazakhstan's Nuclear Decision Making, 1991 – 92", *The Nonproliferation Review*, Vol. 21, No. 2, 2014.

题中①，而没有予以具体分析。德米特里·波波夫（Дмитрий Попов）则系统性地介绍了美国政府各部门在解决哈核问题中所起的作用，但较少关注哈萨克斯坦对于美国的回应行动。② 至于弃核后的哈萨克斯坦核政策，多数研究主要介绍了弃核后的哈萨克斯坦在国际反核武器事业中的角色与作用。③ 其中伊曼纽尔·米特尔（Emmanuelle Maitre）提出了哈萨克斯坦的"核利基外交"（Nuclear Niche Diplomacy）的概念：哈萨克斯坦借助其"主动放弃核武器国家"的身份活跃于和平利用核能、核不扩散、禁止核试验等多边国际场合，努力宣传自身的反核理念，以期提高自身的国际地位与国际影响力。④

综合前文来看，以上关于"哈核问题"的文献普遍基于宏观的研究视角，其中的部分内容涉及纳扎尔巴耶夫在哈萨克斯坦弃核进程中所发挥的作用，但都没有把研究的重点聚焦到其个人身上。除此之外，大多数涉及纳扎尔巴耶夫弃核决定的研究基本局限于哈萨克斯坦国内视角，并未将纳氏的弃核决定与外交博弈相联系。多部关于纳扎尔巴耶夫的传记虽然提到了纳氏在"哈核问题"上的外交努力，但基本只限于对事实的陈述，并未对纳氏"弃核外交"背后的理性考量进行分析与解释。⑤

---

① 石强、张箭：《论苏联解体后的"核遗产"及核扩散危机》，《东北亚论坛》2008年第4期。

② Д. Попов, "Исторический Опыт Реализации Американских Программ Ядерной Демилитаризации Казахстана в Контексте Интересов России и Её Союзников", *Проблемы национальной стратегии*, Vol. 31, No. 4, 2015.

③ К. Н. Шакиров, "Международная ответственность Казахстана по ядерной безопасности: инициативы Президента Н. Назарбаева", Вестник КазНУ, *Серия международные отношения и международное право*, Vol. 66, No. 2, 2014.

④ Emmanuelle Maitre, "Kazakhstan's nuclear policy: an efficient niche diplomacy?", IAEA, No. 10, 2018.

⑤ ［哈］马·巴·卡西姆别科夫：《努尔苏丹·纳扎尔巴耶夫传》，张俊翔译，外语教学与研究出版社2020年版；［俄］罗伊·麦德维杰夫：《无可替代的总统纳扎尔巴耶夫》，王敏俭、王海燕、王生滋、曹伟、岳文博译，社会科学文献出版社2009年版；［英］乔纳森·艾特肯：《纳扎尔巴耶夫——哈萨克斯坦的缔造者》，鄂云龙、倪耀礼、江承宗、张志明译，人民出版社2017年版。

因此，对于关心中亚问题的人们来说，"哈核问题"与纳扎尔巴耶夫的"弃核外交"决策还有很大的研究空间。从学术意义上看，研究这一主题不但能够为独立初期的哈萨克斯坦对外关系史的研究提供案例素材，增进对于纳扎尔巴耶夫执政早期的外交思想与国家安全思想的认知和理解；而且有助于引起国际关系学界对于"国家主动弃核行为"的关注与重视，为建构和发展后冷战时代的"核威慑""核外交""核安全理论"提供案例参考，具有一定的学理意义与国别研究价值。

一 "哈核问题"与两种主张

(一)"哈核问题"的产生

独立之前，哈萨克共和国曾是苏联重要的核武器试验场地。联盟中央先后在此建立过5个核武器试验场，其中，爆炸过苏联第一颗原子弹的塞米巴拉金斯克（Семипалатинск）核试验场，曾经是世界第二大核武器试验场地，苏联共在此进行过456次核爆炸与热核爆炸。①由于靠近居民点②以及缺乏必要的防护措施，频繁的核试验所产生的核辐射与核污染给周边的居民造成了巨大的伤害。随着戈尔巴乔夫"公开化"政策的推行，塞米巴拉金斯克核试验场的秘密逐渐被公之于众。在民族主义的影响下，愤怒的哈萨克民众与美国的反核组织掀起了声势浩大的"内华达塞米巴拉金斯克"运动，要求联盟中央关闭核试验场、停止核试验、撤走核武器，并对遭受核试验伤害的民众提供补偿。面对强烈的民意诉求，时任哈萨克共和国总统的纳扎尔巴耶夫顺势而为，趁着苏联"8·19事件"所造成的混乱时机，在没有请

---

① [哈]努·纳扎尔巴耶夫：《和平的震中》，王昌茂译，[哈]阿拉木图：叶罗尔达出版社2001年版，第26页。
② 距最近的城市塞米巴拉金斯克市仅有150公里。

示联盟中央的情况下,于1991年8月29日关闭了塞米巴拉金斯克核试验场。纳氏的这一决定在世界上引起了不小的轰动,哈核问题开始受到国际关注。

将近四个月后,苏联解体,独立的哈萨克斯坦继承了前联盟中央部署在其土地上的庞大核武库。据统计:哈萨克斯坦接收了苏联7.6%的核力量,共有1216枚核弹头(其核弹头数量已经超过了同时期中英法三大国之和),以及运载这些核弹头的40架图-95MS远程战略轰炸机、108枚可携带10个分体式弹头的P-36M YTTX型洲际弹道导弹(北约称SS-18"撒旦")、370枚KH-55型空对地巡航导弹和部分R-300战术弹道导弹(北约称"飞毛腿")。① 除此之外,虽然纳扎尔巴耶夫关停了塞米巴拉金斯克核试验场,但哈萨克斯坦依然保留了完整的核试验场地与设施;在阿拉木图则设有核物理研究所及可用于核武器研发的多种核反应堆;哈萨克斯坦丰富的天然铀储量和苏联留下的铀浓缩工厂则为生产核武器提供了条件。② 总之,除拥有大量现成的核武器外,哈萨克斯坦还继承了苏联研发、生产及保存核武器的基础设施,是世界上名副其实的"第四核大国"。

哈萨克斯坦庞大的核武库和完备的核基础设施引起了国际社会的不安。美国采取了积极的外交行动,希望通过"施压+利诱"的方式促使哈萨克斯坦放弃核武器,以无核国家的身份加入《不扩散核武器条约》(NPT③)。俄罗斯强调其作为苏联核武器唯一合法继承国的身份,希望获得哈萨克斯坦核武器的指挥控制权,并要求哈萨克斯坦将核武器转移至俄罗斯境内。中国、法国、英国、日本等国家同样表

---

① 数据引自:Marco De Andreis and Francesco Calogero,"The Soviet Nuclear Weapon Legacy",Adam Daniel Rotfeld eds,*SIPRI Research Report* No. 10,Oxford:Oxford University Press,1995.

② 其中仅在乌利巴联合企业下的铀浓缩工厂就保留有近600公斤的高浓缩武器铀,参见[哈]努·纳扎尔巴耶夫:《和平的震中》,王昌茂译,[哈]阿拉木图:叶罗尔达出版社2001年版,第14页。

③ 指 Treaty on the Non-Proliferation of Nuclear Weapons.

达了对"哈核问题"的关切,希望哈萨克斯坦妥善处理其核武器。可是,在伊斯兰世界则出现了不同的声音:部分伊斯兰国家的人士希望哈萨克斯坦能为伊斯兰世界保有核武器;利比亚领导人卡扎菲则直接向哈萨克斯坦开出了500万美元购买一枚洲际弹道导弹的报价[①];某些恐怖组织也动用了各种渠道,希望从哈萨克斯坦手中获得核武器从事恐怖活动,从而进一步加剧了国际社会对"哈核问题"的担忧。总之,新生的哈萨克斯坦在独立之初就因核问题而遭受了巨大的国际压力,与此同时,哈萨克斯坦国内也产生了是否保留核武器的激烈争论。

(二)两种主张

哈萨克斯坦国内主张保留核武器的势力主要是以前加盟共和国外交部长米哈伊尔·伊西纳里耶夫(Михаил Исиналиев)为首的"鹰派"人士。他们认为:首先,刚刚独立的哈萨克斯坦处在中俄两大国的"核包围"之下,并且哈萨克斯坦与中俄两国都存在领土纠纷,出于保卫国家安全的需要,哈萨克斯坦必须保留核武器。其次,哈萨克斯坦是当时中亚区域及伊斯兰世界唯一拥有核武器的国家,保留核武器能够使哈萨克斯坦成为领导中亚的"区域大国"和保证哈萨克斯坦在伊斯兰世界中的话语权,甚至能够提高哈萨克斯坦的国际地位,使得哈萨克斯坦得到世界各国的尊重。最后,根据《不扩散核武器条约》第九条第3款:"本条约所称有核武器国家系指在1967年1月1日前制造并爆炸核武器或其他核爆炸装置的国家。"[②] 哈萨克斯坦作为苏联的继承国之一有权利保留核武器,国际社会也应该承认哈萨克斯坦的合法核地位,以作为对哈萨克斯坦人民所经历的历史苦难的

---

① 田聿、科京:《"世界第四核大国"的消失》,《坦克装甲车辆·新军事》2016年第11期。

② 引自:《不扩散核武器条约》,1991年12月,中国人大网(http://www.npc.gov.cn/wxzl/wxzl/2000-12/28/content_ 2656.htm)。

补偿。① 不过，受限于国内实际与国际压力，"鹰派"人士也不主张完全保留庞大的核武库，而是支持哈萨克斯坦保有"最小但必要"规模的核武器，注重核武器的质量，以维持哈萨克斯坦的"核威慑"能力。

反对保留核武器则是哈萨克斯坦国内的主流意见。领导过"内华达塞米巴拉金斯克"运动的哈萨克诗人奥尔扎斯·苏莱曼诺夫（Олжас Сулейменов）等社会活动人士表达了他们的弃核主张并得到了大部分哈萨克斯坦民众的支持。哈萨克斯坦国内的反核人士认为：首先，苏联时期频繁的核试验给哈萨克斯坦人民带来了深重的苦难，对哈萨克斯坦的环境造成了巨大的破坏，哈萨克斯坦人民对核武器深恶痛绝，并不愿意将此"恶魔"留在身边。并且哈萨克斯坦已经在"内华达塞米巴拉金斯克"运动中展现出了"反核先锋"的国际形象，再保留核武器必将遭受国际非议与道义谴责。其次，保留核武器并不能为哈萨克斯坦带来安全保证，反而使得哈萨克斯坦时刻处于其他国家核武器的锁定之下。除此之外，保留核武器将使哈萨克斯坦陷入外交孤立，同时面对来自东西方的巨大国际压力，哈萨克斯坦将无法获得国家建设急需的各类国际援助，甚至无法取得国际社会的普遍承认，这对于独立初期的哈萨克斯坦来说是一致命打击。最后，面临各种困难的哈萨克斯坦也无力支付保留核武器所需的巨额开支，无力阻止核武器科研人员的大量流失，保留核武器对于独立初期的哈萨克斯坦来说是一个不可承受的巨大负担。②

---

① Anuar Ayazbekov, "Kazakhstan's Nuclear Decision Making, 1991–92", *Nonproliferation Review*, Vol. 21, No. 2, 2014.
② Gani M. Karasayev, Kanat A. Yensenov, et al., "N. A. Nazarbayev and the Problem of Nuclear Weapons in the History of Independent Kazakhstan", *Utopía y Praxis Latinoamericana*, Vol. 23, No. 82, 2018.

二 核威慑战略与哈萨克斯坦核能力评估

仅从核威慑战略与国家安全的角度考虑，哈萨克斯坦鹰派保留核武器的主张具有一定的合理性，但是独立初期的哈萨克斯坦并不具备保留任何规模核武器的客观条件。

（一）核威慑战略与哈萨克斯坦核权限

所谓核威慑战略，是指"国家或政治集团为实现既定的政治目的，通过显示核武力或准备使用核武器，以期遏制敌方军事行动升级的行为，是以核实力为后盾的一种军事斗争方式"[①]。核威慑战略的核心是核武国家利用核武器的巨大杀伤力和威慑力，使潜在的敌人产生无法承受核报复后果的恐惧心理，达到不战而屈人之兵的战略目的。有效核威慑依赖于三个基本要素：核力量，包括核目标和核能力；需要时使用核力量的意志和决心；核威慑信息传递并使敌方确知[②]，缺少其中之一都无法构成有效核威慑。核威慑不是虚声恫吓，而是以真实能力为基础，哈萨克斯坦虽然继承了大量的苏联核武器，但并未完全掌握使用这些核武器的最高权限，并不具备有效的核威慑能力。

苏联解体之前，部署在哈萨克斯坦境内的核武器在编制上归属于苏联战略火箭军和远程航空兵部队[③]，而调动这些战略核力量的最高权限密码则掌握在苏联总统戈尔巴乔夫、苏联国防部长和苏军总参谋长三人手中。苏军的核武器指挥官在收到了三人的发射密码后，需要立即向苏军总参谋部报告，在取得了总参谋部的启用密码后，才能启

---

① 中国军事百科全书编审室：《中国大百科全书·军事》，中国大百科全书数据库（https://h.bkzx.cn/item/207596? q=核威慑战略）。
② 中国军事百科全书编审室：《中国大百科全书·军事》，中国大百科全书数据库（https://h.bkzx.cn/item/207596? q=核威慑战略）。
③ 王仲春：《核武器·核国家·核战略》，时事出版社2007年版，第174—176页。

动核武器发射装置。① 在1991年的"8·19"事件之前,哈萨克共和国无权过问核武器的任何事宜。

为了提前填补苏联解体产生的战略核力量指挥真空,1991年12月20日举行的明斯克独联体国家元首峰会决定成立"战略部队联合司令部"来统筹指挥分散在俄罗斯、白俄罗斯、乌克兰和哈萨克斯坦四国的战略核力量。对于部署在俄罗斯境外的核武器的最高启用权限由俄、白、乌、哈四国元首共同掌握,俄罗斯总统有权启用这些核武器,但必须取得白、乌、哈三国元首的一致同意并与其他独联体成员国元首协商后,启用命令才能生效。② 因此,根据明斯克峰会的决议,作为哈萨克斯坦总统的纳扎尔巴耶夫只有阻止启用核武器的一票否决权,并没有单独启用哈萨克斯坦境内核武器的最高权限,哈萨克斯坦的核能力并不完整。

(二)核武开支与经济负担

为保证核威慑战略的有效性,拥核国家需要投入大量的财力、物力和人力来维持一定规模的战略核力量。根据公开资料显示,20世纪90年代只有较小规模战略核力量的英法两国的核武开支都超过了20亿美元/年,其中英国在1991—1992财年的战略核力量开支为14.45亿英镑(约合25.52亿美元③);法国则从1990年开始大规模削减战略核武器,但至1997年,法国的核武开支仍然达到了160亿法郎(约合26.96亿美元④)。

---

① Adam Daniel Rotfeld eds, *SIPRI Research Report* No.10, Oxford: Oxford University Press, 1995, pp. 27 – 36.

② Adam Daniel Rotfeld eds, *SIPRI Research Report* No.10, Oxford: Oxford University Press, 1995, pp. 27 – 36.

③ 数据引自:Keith Hartley, "The economics of UK nuclear weapons policy", *International Affairs*, Vol. 82, No.4, 2006. 货币换算基于1992年12月31日英镑兑美元汇率。

④ 数据引自:Pascal Boniface, *French Nuclear Weapons Policy After the Cold War*, New York: Atlantic Council of the United States, 1998, p.2. 货币换算基于1997年12月31日法郎兑美元汇率。

由于选择了"休克疗法"为核心的经济改革路线，独立初期的哈萨克斯坦陷入了严重的经济衰退，GDP从1992年的249.17亿美元衰减至1997年的221.66亿美元。① 在困难的经济形势的影响下，哈萨克斯坦的军费开支也从1993年的3.96亿美元逐步削减至了1997年的2.64亿美元。② 作为当时的世界第四核大国，哈萨克斯坦保有的核弹头数量超过了同时期中英法三大国之和，但哈萨克斯坦的全部军费开支却不及同时期英法两国核武开支的六分之一。另外，美国学者史蒂芬·施瓦茨（Stephen Schwartz）的研究表明，核武器的储存、养护、维修、部署成本占到了核武总开支的60%以上③，即使哈萨克斯坦放弃核武器研发，仅保有核武器的成本也是一项天文数字。因而对于独立初期陷入经济衰退的哈萨克斯坦来说，再小规模的核武开支都成为国家财政无力承受的经济负担。

除此之外，独立初期的哈萨克斯坦还面临着核武器研发、控制、维护及军事、科技人员大量流失的严峻问题。因此，尽管哈萨克斯坦拥有规模庞大的核武库，但其自身核能力却受到了启用权限、经济开支、人员流失等诸多问题的限制，并不能对他国形成有效的核威慑。

三 纳氏"理性弃核外交"的主要目标

在哈萨克斯坦国内外形势的影响下，纳扎尔巴耶夫本人倾向于选择主动放弃核武器。但与哈萨克斯坦反核人士单纯放弃核武器的主张不同，身为政治家与外交家的纳扎尔巴耶夫懂得如何利用放弃核武器

---

① 数据引自世界银行数据库（https://data.worldbank.org.cn/country/哈萨克斯坦）。
② 数据引自Stockholm International Peace Research Institute（https://www.sipri.org/databases/milex）。
③ Stephen Schwartz, *Atomic audit: the costs and consequences of US nuclear weapons since 1940*, Washington, D.C.: Brookings Institution Press, 2011, pp. 358–359.

这一外交筹码为新生的哈萨克斯坦争取尽可能多的国家利益,最终以"无核化"的结果实现两派人士所追求的目标:安全保证、经济援助与国际声望。

(一)弃核与安全保证

根据核威慑战略的基础逻辑,核武器最大的作用在于其巨大的破坏效果,对潜在的敌人形成威慑,从而保证国家安全。这也是哈萨克斯坦国内"鹰派"拥核主张的立足点。纳扎尔巴耶夫当然深知安全保证对于新生哈萨克斯坦的重要性。为此,在总统幕僚们的帮助下,纳扎尔巴耶夫提出了"暂时性核国家"的外交概念,即:根据《不扩散核武器条约》第九条第3款的规定,哈萨克斯坦有权利合法地保留核武器;哈萨克斯坦致力于实现国家无核化;在未获得足够的安全保证之前,哈萨克斯坦在可预见的未来将暂时性地保留核武器,以保卫国家安全及相关国家利益。①

在具体的外交实践中:纳扎尔巴耶夫于1991年12月21日举行的独联体"阿拉木图会晤"中向国际社会表明:哈萨克斯坦同意支持《第一阶段削减战略武器条约》(START I②)及相关规定,但拒绝承认自己是无核国家。③

面对美国的施压,纳扎尔巴耶夫向到访阿拉木图的美国国务卿詹姆斯·贝克(James Baker,Ⅲ)表明:既然俄罗斯能够保留核武器,哈萨克斯坦也有权利这么做。④"在未得到对哈萨克斯坦安全的可靠保

---

① [哈]努·纳扎尔巴耶夫:《站在21世纪门槛上——总统手记》,陆兵、王嘉琳译,时事出版社1997年版,第43页。
② Strategic Arms Reduction Treaty.
③ [哈]努·纳扎尔巴耶夫:《站在21世纪门槛上——总统手记》,陆兵、王嘉琳译,时事出版社1997年版,第46页。
④ Anuar Ayazbekov, "Kazakhstan's Nuclear Decision Making, 1991–92", *Nonproliferation Review*, Vol. 21, No. 2, 2014.

障之前，我没有任何权利让出核武器。"① 在 1991 年年底，纳扎尔巴耶夫写给美国总统老布什的官方信件中也强调："哈萨克斯坦愿意加入《不扩散核武器条约》，但必须以核国家的身份加入。"② 1992 年 5 月，纳扎尔巴耶夫作为国家元首访问美国，老布什政府以经济合作为条件，要求哈萨克斯坦实现无核化，纳扎尔巴耶夫顶住压力，着重强调：除非得到主要核国家的安全保证，哈萨克斯坦才能放弃其合法拥有的核武器。③ 1993 年 10 月，克林顿政府的国务卿沃伦·克里斯托弗（Warren Christopher）访问阿拉木图，敦促哈萨克斯坦尽快以无核国家身份加入《不扩散核武器条约》，再次被纳扎尔巴耶夫以"未得到足够的安全保证"为由予以拒绝。④

俄罗斯方面同样给予了哈萨克斯坦巨大的压力。当俄罗斯总统叶利钦试图将哈萨克斯坦、乌克兰、白俄罗斯的核武器收归俄罗斯集中控制时，纳扎尔巴耶夫予以了抵制。1992 年 1 月 25 日，法国外交部长罗兰·杜马斯（Roland Dumas）访哈时，纳扎尔巴耶夫向其明确表示："哈萨克斯坦是一个独立自主的核国家，他反对叶利钦越过独联体联合司令部直接指挥所有独联体国家核武器的要求。"⑤ 除此之外，1991 年 12 月—1992 年 5 月，纳扎尔巴耶夫在多个公开场合借核武器问题表达了对俄罗斯、中国"威胁"的担忧：作为刚独立的国家，哈萨克斯坦在地缘上与俄、中两个核大国为邻，且与两国都存在领土争端。哈萨克斯坦不得不担心俄、中等邻国的潜在威胁，如果能够得到美、

---

① ［哈］努·纳扎尔巴耶夫：《站在 21 世纪门槛上——总统手记》，陆兵、王嘉琳译，时事出版社 1997 年版，第 45 页。

② Anuar Ayazbekov, "Kazakhstan's Nuclear Decision Making, 1991–92", *Nonproliferation Review*, Vol. 21, No. 2, 2014.

③ ［哈］努·纳扎尔巴耶夫：《站在 21 世纪门槛上——总统手记》，陆兵、王嘉琳译，时事出版社 1997 年版，第 47 页。

④ ［哈］努·纳扎尔巴耶夫：《站在 21 世纪门槛上——总统手记》，陆兵、王嘉琳译，时事出版社 1997 年版，第 50 页。

⑤ William C. Potter, "The Politics of Nuclear Renunciation: The Cases of Belarus, Kazakhstan, and Ukraine", the Henry L. Stimson Center: *Occasional Paper*, No. 22, April 1995.

俄、中等核大国有诚意的安全保证，哈萨克斯坦愿意放弃核武器。①1992年5月，日本外相渡边美智雄访哈商谈"哈核问题"时，纳扎尔巴耶夫再次表态：哈萨克斯坦暂时性地保留核武器是出于保卫自身国家安全的需要。②

总之，获得主要核国家对于哈萨克斯坦的安全保证是纳扎尔巴耶夫"理性弃核外交"追求的核心目标。在未获得充分的安全保证之前，哈萨克斯坦将以"暂时性核国家"的身份合法地保留核武器，并以此作为与其他国家交往的外交筹码。

（二）弃核与经济援助

除了获得最重要的安全保证外，纳扎尔巴耶夫"理性弃核外交"的第二项目标是努力为哈萨克斯坦争取尽可能多的经济援助。

在表明哈萨克斯坦愿意放弃核武器的立场后，纳扎尔巴耶夫向国际社会宣称：鉴于独立初期困难的经济形势，哈萨克斯坦无力转移或拆除核武器与核设施，需要国际社会予以援助。1992年1月25日，纳扎尔巴耶夫向访哈的法国外交部长杜马斯宣称：短期内哈萨克斯坦无力将核武器转移至俄罗斯，如果没有资金援助，核武器在哈萨克斯坦至少要被放置十年以上。③ 1993年10月，纳扎尔巴耶夫对到访的美国国务卿克里斯托弗表示：拆除哈萨克斯坦境内的核武器与核设施需要花费8500万美元，希望美国给予援助。④

除此之外，纳扎尔巴耶夫还希望国际社会对哈萨克斯坦将要转移

---

① Anuar Ayazbekov, "Kazakhstan's Nuclear Decision Making, 1991-92", *Nonproliferation Review*, Vol. 21, No. 2, 2014.

② Anuar Ayazbekov, "Kazakhstan's Nuclear Decision Making, 1991-92", *Nonproliferation Review*, Vol. 21, No. 2, 2014.

③ [哈] 努·纳扎尔巴耶夫：《站在21世纪门槛上——总统手记》，陆兵、王嘉琳译，时事出版社1997年版，第50页。

④ [哈] 努·纳扎尔巴耶夫：《站在21世纪门槛上——总统手记》，陆兵、王嘉琳译，时事出版社1997年版，第51页。

或拆除的核武器给予经济补偿，并提供资金消除核试验对哈萨克斯坦生态环境造成的破坏。1991年11月至1992年5月，纳扎尔巴耶夫在多个公开场合提到了核武器的补偿问题。1994年3月28日，纳扎尔巴耶夫在与俄罗斯总统叶利钦的会面中，要求俄方为转移至俄罗斯境内的哈萨克斯坦核弹头与导弹予以经济补偿。① 而在环境问题上，1991年12月，纳扎尔巴耶夫向美国国务卿贝克介绍其关闭塞米巴拉金斯克核试验场的情况时就曾提出：希望美国能够提供资金，用于恢复塞米巴拉金斯克周边的生态环境。② 此后的历次哈美、哈俄会晤中，纳扎尔巴耶夫都有强调生态环境的补偿问题。1997年6月的联合国大会上，纳扎尔巴耶夫再次呼吁：希望国际社会援助4300万美元的资金以补偿受到核试验伤害的哈萨克斯坦人民与环境。③

可是，单纯针对核武器的经济援助与补偿的金额毕竟有限，纳扎尔巴耶夫真正想要的是通过"弃核外交"为哈萨克斯坦争取经济改革与经济复苏亟需的外来投资、国际贷款与经贸协定。1992年5月，纳扎尔巴耶夫访美，除了商谈安全保证问题外，纳扎尔巴耶夫希望借助"核议题"尽快与老布什政府敲定哈美两国间的贸易关系和资本投资协定，并希望美国帮助哈萨克斯坦争取国际货币基金组织与世界银行的援助贷款。④ 访美期间，纳扎尔巴耶夫还会见了以雪弗龙公司（Chevron Corporation）为首的美国能源企业界代表，鼓励它们积极投资哈萨克斯坦的油气资源，带动哈萨克斯坦的经济发展。⑤ 1992年8

---

① ［哈］努·纳扎尔巴耶夫：《和平的震中》，王昌茂译，［哈］阿拉木图：叶罗尔达出版社2001年版，第55页。
② ［哈］奥莉加·维多娃：《中亚铁腕：纳扎尔巴耶夫》，韩霞译，新华出版社2002年版，第211页。
③ ［哈］努·纳扎尔巴耶夫：《和平的震中》，王昌茂译，［哈］阿拉木图：叶罗尔达出版社2001年版，第33页。
④ ［哈］卡·托卡耶夫：《中亚之鹰的外交战略》，赛力克·纳雷索夫译，新华出版社2002年版，第126—131页。
⑤ ［哈］卡·托卡耶夫：《中亚之鹰的外交战略》，赛力克·纳雷索夫译，新华出版社2002年版，第132—135页。

"哈核问题"与纳扎尔巴耶夫"理性弃核外交"研究

月,哈萨克斯坦与中国的外长实现互访,除讨论边界问题外,另一重点就是商讨两国间的投资协议问题。① 1993 年 10 月,纳扎尔巴耶夫出访中国,再次提到了两国间的经贸合作问题,纳扎尔巴耶夫迫切希望中国扩大对哈贸易,以缓解哈萨克斯坦独立初期面临的商品短缺难题。② 在此期间,纳扎尔巴耶夫借"哈核问题"的热度还出访了日本与欧洲多国,努力为哈萨克斯坦争取国际投资、贷款援助及建立贸易联系。

(三)弃核与国际声望

纳扎尔巴耶夫"理性弃核外交"的第三项目标是提高哈萨克斯坦的国际声望。即借"哈核问题"引起世界主要国家的关注,为新生的哈萨克斯坦争取尽可能多的国际承认,提升哈萨克斯坦在国际社会中的存在感与知名度。

作为敏锐的外交家,纳扎尔巴耶夫深知,要获得国际社会的关注,首先要取得世界唯一的超级大国美国的关注,但是深处欧亚大陆腹地的哈萨克斯坦并不能引起美国的兴趣,除了它的核武器。正如纳扎尔巴耶夫自己所说:"对乔治·布什说来,头等重要的问题,是我们的核武器。"③

早在苏联解体前,老布什政府就曾尝试与阿拉木图进行接触,商讨解体后可能出现的核扩散问题,但纳扎尔巴耶夫只给予了模糊的回复。为此,在哈萨克斯坦宣布独立后的第二天(1991 年 12 月 17 日),美国国务卿贝克便赶赴阿拉木图与纳扎尔巴耶夫商谈核武器问题,美

---

① [哈]卡·托卡耶夫:《中亚之鹰的外交战略》,赛力克·纳雷索夫译,新华出版社 2002 年版,第 69 页。
② [哈]努·纳扎尔巴耶夫:《站在 21 世纪门槛上——总统手记》,陆兵、王嘉琳译,时事出版社 1997 年版,第 157 页。
③ [哈]努·纳扎尔巴耶夫:《站在 21 世纪门槛上——总统手记》,陆兵、王嘉琳译,时事出版社 1997 年版,第 46 页。

国国务卿的及时到访瞬间让国际社会的目光聚焦到了这个刚刚独立的国家。1992年5月,纳扎尔巴耶夫作为哈萨克斯坦的国家元首首次出访美国,受到了美国总统老布什在白宫与戴维营两地的高规格接待,美国方面之所以如此重视此次访问,无疑还是为了尽快解决"哈核问题"。而纳扎尔巴耶夫访美期间,也充分利用"哈核问题"的热度,在美国主流媒体中积极发声,大力向世界宣传介绍新生的哈萨克斯坦。① 1993年克林顿政府上台,美国新任国务卿克里斯托弗与副总统艾伯特·戈尔(Albert Gore Jr.)接连访问哈萨克斯坦,试图与纳扎尔巴耶夫签订解决"哈核问题"的相关技术协议,但均遭到了纳氏的拒绝。纳扎尔巴耶夫表示:只有美国总统克林顿与其签订协议才能体现哈美两国间的平等地位。② 无奈之下,克林顿政府只能邀请纳扎尔巴耶夫于1994年2月再次访问美国,继续商讨"哈核问题"的相关事宜。

美国与哈萨克斯坦的频繁接触在西方世界中起到了很好的示范作用。1991—1995年,英国首相撒切尔夫人、法国总统密特朗、德国总统罗曼·赫尔佐克(Roman Herzog)等国家元首或政府首脑陆续访问哈萨克斯坦,商讨包括核武器在内的一系列问题。③ 同一时期,中国国家总理李鹏、新加坡内阁资政李光耀、伊朗总统拉夫桑贾尼等非西方世界的领导人也相继来访,哈萨克斯坦的国际知名度得以与日俱增。除此之外,纳扎尔巴耶夫还借助国际社会对于安全问题的关注,于1992年10月20日举行的第47届联合国大会上提出了召开"亚洲相互

---

① [哈]奥莉加·维多娃:《中亚铁腕:纳扎尔巴耶夫》,韩霞译,新华出版社2002年版,第213—215页。
② [哈]努·纳扎尔巴耶夫:《站在21世纪门槛上——总统手记》,陆兵、王嘉琳译,时事出版社1997年版,第51页。
③ [哈]努·纳扎尔巴耶夫:《站在21世纪门槛上——总统手记》,陆兵、王嘉琳译,时事出版社1997年版,第161—169页。

协作与信任措施会议"的倡议①,并最终于十年后的 2002 年 6 月在阿拉木图成功召开了第一届亚信峰会,在哈萨克斯坦的多边外交成就中留下了浓墨重彩的一笔。

四 纳氏"理性弃核外交"的主要成果

1991—2000 年,经过与美国、俄罗斯等大国的多次斡旋,哈萨克斯坦最终主动放弃了核武器,但也得到了其渴求的安全保证、经济援助与国际声望,纳扎尔巴耶夫"理性弃核外交"的目标也基本实现。

(一)"哈核问题"的解决

在与美、俄等大国的核外交谈判中取得阶段性成果后,纳扎尔巴耶夫逐步放弃了"暂时性核国家"的表述,主动表示哈萨克斯坦愿意有计划、有步骤地放弃核武器。

1992 年 5 月 23 日,哈萨克斯坦、白俄罗斯、乌克兰、俄罗斯和美国的外交代表签订了落实《第一阶段削减战略武器条约》责任的《里斯本议定书》:哈萨克斯坦将履行以无核国家的身份加入《不扩散核武器条约》的义务,并同美、俄两国组建"核查与监督委员会"监督弃核进程。② 与此同时,纳扎尔巴耶夫于哈萨克斯坦国内设立了全国核中心及原子能机构,负责哈萨克斯坦弃核进程的具体事务。③ 1993 年 12 月 13 日,哈萨克斯坦与国际原子能机构签署保障协议,将哈萨

---

① [哈] 卡·托卡耶夫:《中亚之鹰的外交战略》,赛力克·纳雷索夫译,新华出版社 2002 年版,第 214 页。

② Д. Попов, " Исторический Опыт Реализации Американских Программ Ядерной Демилитаризации Казахстана в Контексте Интересов России и Её Союзников ", *Проблемы национальной стратегии*, Vol. 31, No. 4, 2015.

③ [哈] 努·纳扎尔巴耶夫:《和平的震中》,王昌茂译,[哈] 阿拉木图:叶罗尔达出版社 2001 年版,第 54 页。

克斯坦境内的所有核设施置于国际原子能机构的监督之下。①

1994年2月15日,哈萨克斯坦正式加入《不扩散核武器条约》。②同年12月5日,包括哈萨克斯坦在内的《第一阶段削减战略武器条约》正式生效。不久之后,哈萨克斯坦开始了销毁核装置与转移核武器的工作:1995年5月31日,哈萨克斯坦境内最后一批核装置被销毁;截至1996年4月21日,哈萨克斯坦已将1216枚核弹头全部转移出境;同年的9月30日,哈萨克斯坦加入《全面禁止核试验条约》(CNTBT)。③接下来的几年时间里,哈萨克斯坦完成了剩余核设施的拆除工作,截至2000年7月29日,塞米巴拉金斯克核试验场的最后一个坑道被炸毁,哈萨克斯坦实现了完全无核化,"哈核问题"得到了彻底解决。④

(二) 大国的安全保证

1992—1995年,经过一系列的"弃核外交"博弈,纳扎尔巴耶夫孜孜以求的安全保证得到了逐步实现,哈萨克斯坦的生存环境得到了极大改善。

1992年5月15日,哈萨克斯坦与俄罗斯签订《友好、合作与互助条约》,强调两国"相互尊重国家主权、领土完整和边界不可破坏,和平解决争端,不使用或威胁使用武力等施压手段"⑤。同日,哈萨克

---

① Marco De Andreis and Francesco Calogero, "The Soviet Nuclear Weapon Legacy", Adam Daniel Rotfeld eds, *SIPRI Research Report* No. 10, Oxford: Oxford University Press, 1995, pp. 4 – 9.

② КАЗИНФОРМ, "25 – летие присоединения Казахстана к Договору о нераспространении ядерного оружия" (http://infozakon.kz/slider/10142 – 25 – letie – prisoedineniya – kazahstana – k – dogovoru – o – nerasprostranenii – yadernogo – oruzhiya.html).

③ [哈] 努·纳扎尔巴耶夫:《和平的震中》,王昌茂译,[哈] 阿拉木图:叶罗尔达出版社2001年版,第58页。

④ [哈] 努·纳扎尔巴耶夫:《和平的震中》,王昌茂译,[哈] 阿拉木图:叶罗尔达出版社2001年版,第58页。

⑤ [哈] 卡·托卡耶夫:《中亚之鹰的外交战略》,赛力克·纳雷索夫译,新华出版社2002年版,第42页。

斯坦签署了《集体安全条约》，加入了俄罗斯主导的独联体集体安全条约组织（ОДКБ），与俄罗斯结成了集体防御性质的军事同盟，哈萨克斯坦对俄罗斯威胁的担忧逐渐解除。1993年10月18日，纳扎尔巴耶夫访问北京，与中国政府签订了《关于中哈友好关系基础的联合声明》，确认两国"应以和平方式解决两国间的一切争端，相互不以任何形式使用武力或以武力相威胁，不采取可能对对方安全构成威胁的行动"①。哈萨克斯坦也逐渐放下了对中国的戒备之心。

在核安全保证方面，1994年12月5日的欧安组织布达佩斯峰会上，美俄英三国签署备忘录，宣布："哈萨克斯坦一旦遭到侵略或者成为使用核武器侵略威胁的对象时，美俄英三个核大国将立即采取行动，给予哈萨克斯坦相应的援助。"② 1995年2月8日，中国宣布："无条件不对无核国家和无核区使用或威胁使用核武器的原则立场适用于哈萨克斯坦。"③ 不久之后，法国也给予了类似的核安全保证。至此，哈萨克斯坦获得了五个核大国共同的安全保证，纳扎尔巴耶夫"理性弃核外交"的核心目标得以实现。

（三）补偿、援助与发展

在哈萨克斯坦签订《里斯本议定书》后，美国决定从"纳恩—卢格计划"（Nunn - Lugar Program）④ 中拨出8400万美元帮助哈萨克斯

---

① 《关于中华人民共和国和哈萨克斯坦共和国友好关系基础的联合声明》，《中华人民共和国国务院公报》1993年第26期，第1211页。
② ［哈］努·纳扎尔巴耶夫：《和平的震中》，王昌茂译，［哈］阿拉木图：叶罗尔达出版社2001年版，第60页。
③ 《中国政府关于向哈萨克斯坦提供安全保证的声明》，载《中华人民共和国国务院公报》1995年第2期，第56页。
④ "纳恩－卢格计划"是美国国会于1991年11月通过的《合作削减威胁法案》（Cooperative Threat Reduction），旨在帮助苏联及解体后的前苏联成员国运输、储存和拆除核生化武器的法案，由美国参议员纳恩和卢格共同提出。

坦转移核武器与拆除核设施。① 1993年9月24日，美国与哈萨克斯坦签订相关协议：美国政府再次为哈萨克斯坦的无核化进程提供相关财政援助。② 对于转移至美国境内的600公斤浓缩铀，美国政府也通过向哈萨克斯坦的政府机关、企业和医学机构提供现代化设备的方式给予了补偿。③ 1994年3月28日，俄罗斯与哈萨克斯坦签订补偿协议：对于转移至俄罗斯境内的核武器，俄罗斯政府将按核弹头所含核材料的价值向哈萨克斯坦提供补偿。④ 对于纳扎尔巴耶夫所要求的生态环境补偿，美国与日本总共向哈萨克斯坦提供了3500万美元的资金援助。⑤

除以上直接针对核武器的补偿与援助外，纳扎尔巴耶夫所渴求的经贸合作与贷款援助也得到了实现。1992年5月访美期间，纳扎尔巴耶夫与老布什政府签订了《哈美贸易关系协定》，两国的贸易往来开始起步。在国际投资领域，美国能源巨头雪弗龙公司与哈萨克斯坦政府签订了200亿美元的投资合同，共同开采田吉兹油田。同年12月，美国派出经济专家帮助哈萨克斯坦实施市场化改革。⑥ 次年8月，美国将哈萨克斯坦纳入其普惠制（GSP⑦）名单，对部分哈萨克斯坦商品给予免税待遇。⑧ 1994年2月，哈美两国签订《民主伙伴关系宪

---

① William Tobey, "Cooperative Threat Reduction Timeline" （https：//www.russiamatters.org/facts/cooperative‐threat‐reduction‐timeline）.
② ［哈］努·纳扎尔巴耶夫：《和平的震中》，王昌茂译，［哈］阿拉木图：叶罗尔达出版社2001年版，第55页。
③ ［哈］卡·托卡耶夫：《中亚之鹰的外交战略》，赛力克·纳雷索夫译，新华出版社2002年版，第130页。
④ ［哈］努·纳扎尔巴耶夫：《和平的震中》，王昌茂译，［哈］阿拉木图：叶罗尔达出版社2001年版，第55页。
⑤ ［哈］努·纳扎尔巴耶夫：《和平的震中》，王昌茂译，［哈］阿拉木图：叶罗尔达出版社2001年版，第34、55页。
⑥ ［哈］卡·托卡耶夫：《中亚之鹰的外交战略》，赛力克·纳雷索夫译，新华出版社2002年版，第130页。
⑦ Generalized System of Preferences.
⑧ ［哈］卡·托卡耶夫：《中亚之鹰的外交战略》，赛力克·纳雷索夫译，新华出版社2002年版，第138页。

章》，继续加深两国的经济合作。此外，在美国的帮助下，国际货币基金组织与世界银行开始向哈萨克斯坦发放国际贷款，1993—1999年，哈萨克斯坦共从两家机构获得了总额达 19.14 亿美元的贷款援助①，有效缓解了独立初期面临的资金短缺难题。

同一时期，哈萨克斯坦与中国、日本、欧盟等主要经济体的经贸合作关系也建立了起来。在国际社会的共同帮助下，经历了六年衰退的哈萨克斯坦 GDP 从 1997 年起实现了正增长，并在 2000 年后迎来了飞速发展②，哈萨克斯坦成为独联体中较早实现经济复苏与较为成功地完成经济转轨的国家。

（四）和平典范

直到今天，纳扎尔巴耶夫主动放弃核武器的决定仍被视为处理核扩散问题的"和平典范"，"哈核问题"的顺利解决为哈萨克斯坦赢得了国际社会的一片赞誉与高度肯定。③ 弃核之后的哈萨克斯坦继续活跃于核问题相关的国际舞台，在多边外交场合中积极推进国际核裁军与核不扩散运动，努力塑造"国际反核武先锋"的国家形象。

从 1997 年起，哈萨克斯坦开始积极筹备"中亚无核区"的建设，并于同年的 8 月 28 日，联合乌兹别克斯坦、吉尔吉斯斯坦、土库曼斯坦、塔吉克斯坦四国发布了致力于实现中亚无核化的《阿拉木图宣言》④；2006 年 9 月 8 日，中亚五国正式在塞米巴拉金斯克签订了《中

---

① ［哈］卡·托卡耶夫：《中亚之鹰的外交战略》，赛力克·纳雷索夫译，新华出版社 2002 年版，第 194—196 页。
② 引自世界银行哈萨克斯坦 GDP 数据（https：//data.worldbank.org.cn/country/哈萨克斯坦）。
③ К. Н. Шакиров, "Международная ответственность Казахстана по ядерной безопасности: инициативы Президента Н. Назарбаева", Вестник КазНУ, Серия международные отношения и международное право, Vol. 66, No. 2, 2014.
④ ［哈］努·纳扎尔巴耶夫：《和平的震中》，王昌茂译，［哈］阿拉木图：叶罗尔达出版社 2001 年版，第 88 页。

亚无核武器区条约》，标志着世界上首个曾经拥有过核武器的无核区建立。① 在哈萨克斯坦的推动下，2009年12月2日召开的第64届联合国大会上将每年的8月29日定为"禁止核试验国际日"，以纪念1991年8月29日纳扎尔巴耶夫关闭塞米巴拉金斯克核试验场的决定。② 此后每年的"禁止核试验国际日"，哈萨克斯坦官方都会发出"全面禁止核试验"与"全面核裁军"的国际呼吁。此外，哈萨克斯坦还积极参与"朝核问题""伊核问题""印巴核问题"的外交斡旋，并在历届核安全峰会上宣传"构建无核世界"的和平理念。

纳扎尔巴耶夫本人也因"弃核外交"获得了诸如"国际和平奖""和平与预防性外交奖""减少核威胁的先驱者领导贡献奖"等一系列国际奖项③，并最终于2020年8月27日，被联合国授予了"无核试验世界冠军"的荣誉称号。联合国表彰其为推动世界无核化做出了历史性的贡献④，这进一步提高了纳扎尔巴耶夫个人的国际声望。

结　　语

冷战结束之后，在一众国家都热切追求核武器的核扩散的高峰时期，纳扎尔巴耶夫宣布哈萨克斯坦主动放弃核武器的决定属实是国际社会中的一股"清流"。"哈核问题"的顺利解决，以及弃核之后哈萨

---

① К. Н. Шакиров, "Международная ответственность Казахстана по ядерной безопасности: инициативы Президента Н. Назарбаева", Вестник КазНУ, Серия международные отношения и международное право, Vol. 66, No. 2, 2014.

② 联合国官网：《禁止核试验国际日》（https：//www.un.org/zh/node/96467）。

③ [哈] 马·巴·卡西姆别科夫：《努尔苏丹·纳扎尔巴耶夫传》，张俊翔译，外语教学与研究出版社2020年版，第299页。

④ КАЗИНФОРМ, "Нурсултан Назарбаев удостоен статуса «Чемпион за мир, свободный от ядерных испытаний»", 27 Августа 2020, (https://www.inform.kz/ru/nursultan-nazarbaev-udostoen-statusa-chempion-za-mir-svobodnyy-ot-yadernyh-ispytaniy_a3687826).

克斯坦获得的安全与发展，破除了人们对于核武器及"核威慑战略"的迷信，为国际核裁军及国际核不扩散事业提供了积极正面的案例。但是，我们必须清楚的是，哈萨克斯坦在弃核之后所取得的各项成就，并不是国际社会主动"施予"的结果，而是纳扎尔巴耶夫及其所代表的哈萨克斯坦政府努力争取的成果。

从提出"暂时性核国家"的主张到宣布有计划、有步骤地放弃核武器，纳扎尔巴耶夫时刻以弃核与否的决定为筹码，参与着"哈核问题"的外交博弈，并根据国际形势的变化调整着自己的核外交策略。因此，纳扎尔巴耶夫并非一个纯粹的弃核主义者，实现哈萨克斯坦国家利益的最大化而非建立一个理想化的无核乌托邦，才是其所追求的核心目标，这也是身为政治家与外交家的纳扎尔巴耶夫与那些单纯主张放弃核武器的和平主义者最大的不同。从所取得的成果来看，纳扎尔巴耶夫的理性弃核外交无疑是成功的：不但为新生的哈萨克斯坦求得了国家生存所必需的安全保证；而且争取到了国家独立后亟需的经济发展援助；更具意义的是，纳氏的理性弃核外交成功地将世界的目光吸引到了这个地处欧亚大陆腹地的新生国家之上，并为其赢得了国际社会的普遍承认与尊重，为后来的哈萨克斯坦能够持续活跃于世界舞台中打下了基础。哈萨克斯坦虽然放弃了核武器，但却赢得了世界。

【大国与中亚】

美国在中亚实施的地方分权项目评析[*]

张 霞[**]

摘要： 地方分权是美国推进政治、经济和社会改革的核心，实现政治分权、财政分权和管理分权是美国地方分权项目的主要目标。美国依据中亚相关国家改革的意愿及相关国家的初始条件在中亚地区以差异化的方法推进地方分权。美国取得了一定的预期效果，但是对中亚国家长远的政治发展带来诸多不利影响。

关键词： 美国；中亚；地方分权

中亚国家独立以后，美国民主援助机构一直在中亚地区的相关国家推进地方分权项目。在美国民主援助机构看来，地方分权是美国推进政治、经济和社会改革的核心。因此，研究美国民主援助机构推进地方分权的目标、具体措施和取得的成效及其对中亚国家的影响具有重要的意义。

一 地方分权的基本概念

地方政府和地方一直是一个国家宪政体制的重要组成部分。一般

---

[*] 本文为国家社会科学基金项目"美国对中亚地区民主援助的效果、影响及其对中国的启示研究"（20BMZ098）的阶段性成果。

[**] 张霞，福建宁德师范学院马克思主义学院，法学博士。

认为，地方制度是关于地方政府结构和职权，中央与地方关系以及地方政府与当地居民关系等方面的制度，尤其是中央与地方关系在地方制度中占重要地位，或者简单地说，地方制度即处理一个国家的中央与地方关系的制度。①"地方"是相对于"中央"而言，一个国家为了便于治理，将其领土划分为不同层次，不同范围的行政区域，这些大小不等的行政区域即为"地方"。顾名思义，所谓"地方政府"，即设置在"地方"的各级政府。但由于各国政治结构、法律背景和历史文化的不同，在不同国家，对"地方"或"地方政府"的理解也有所不同，甚至中央与地方的关系存在明显的差异。决定中央与地方关系格局的主要因素有：社会制度、政治制度、政治文化、国家结构形式、经济社会发展水平、国家的历史传统等。

在西方国家，特别是英美国家，地方制度是"地方政府制度"的简称，即有关地方政府的制度。西方学者大都从广义上使用"地方政府"的概念，按照西方学者的理解，地方政府并不专指地方执行机关，也指地方议事机关。对于联邦制国家，多数人认为联邦制国家的组成单位，如州（共和国、省、地区）政府不称"地方政府"，只有州（共和国、省、地区）以下的政府，才叫"地方政府"。②

在西方大多数国家，受"主权在民""社会契约""有限政府""权力分立"等政治理念的长期影响，地方自治的观念由来已久，在许多西方人的心目中，地方政府就意味着地方自治。一般而言，地方政府代表一种组织，而地方自治则代表一种制度。对于什么是地方自治，在不同国家、不同的政治结构、不同的社会文化以及不同的时代制度背景下，有着不同的认识，但基本上是两种：一种认为地方自治主要是指地方公共团体的自治；另一种认为地方自治不仅为地方公共

---

① 任进：《比较地方政府与制度》，北京大学出版社2008年版，第1页。
② 任进：《比较地方政府与制度》，第3页。

团体的自治，还包括居民的自治。但是，在现代大多数西方国家，地方政府普遍是在"地方自治"的含义上使用的，即地方政府是指国家以下自行处理地方事物的地方公共团体。①

分权又称"分割性的地方政权"，是指中央与地方权力之划分，各有其独立的范围，地方在权限范围内享有充分的自治权，较大的裁量权和相当的自主权。② 在美国民主援助机构看来，分权是一个复杂和多层次的概念，它既可以是一个政治权力转移过程，还可以是一种治理方式。作为一个过程，分权指的是中央政府将公共管理职权的权力和责任转移给下层级的政府，包括省政府、市政府等中间层次的政府或是地方政府。分权还可能指的是几种不同形式的权力转移，其中包括：政治分权、财政分权和管理分权。

政治分权也叫作民主分权，通常指将权力和责任转移给经选举产生的地方政府，主要通过建立或者重建地方民选政府、选举改革、政党改革，参与授权进程和其他方式来将政治权力转移给地方政府。地方政府由选举产生是政治分权的重要标志。在一个分权的政治体制中，不仅地方政府的行政官员（如市长、镇长、州长、省长）由选举产生，一些地方立法机构（如市政议会、省级议会）也由选举产生。

财政分权指的是一个国家的中央政府将财政资源以赠款和收税的形式转移给地方政府。财政分权增加了地方政府和管理机构的收入和支出的权限。在收入方面，财政分权最普遍的方式包括提升转移支付的透明度和稳定性，授予地方政府拥有收税和制定税率的权利，给予地方政府举债的权利，在支出方面，地方政府承担一些重要的社会服务如医疗、教育和基础设施建设等方面的财政支出权限。

管理分权指的是将原来由中央政府承担的计划和管理的责任转移

---

① 任进：《比较地方政府与制度》，第7页。
② 任进：《比较地方政府与制度》，第7页。

给各层级地方政府,或者国家机关承担的公共职能的计划和管理的责任转移给地方政府或地方管理机构。

总体来看,美国推动的分权项目可以分为三个领域:政治分权、财政分权和管理分权。具体内容参见下表:美国民主援助民主分权的维度和特点①:

	政治分权	财政分权	管理分权
治理权	地方行政长官由选举产生,而非全国性政府任命获得治理权	地方官员有权决定是否征税、决定支出	地方官员有权计划、管理、提供多种公共服务
自治权	地方官员经选举获得自治权,某些自治权已经被长期认可并经实践的法律所规定或者已经被体制化	地方政府官员依据国家法律和法令能够自主地决定收入和支出	地方首脑能够解雇或雇佣地方政府官员(依据公务员制度),给予地方官员一定的自主权
责任	地方官员通过选举和公民社会论坛对当地选民负责,但也依据国家法律和标准对全国性政府负责	地方政府官员因控制较多财政资源而受到地方选民和民间社会团体的问责	地方政府官员有责任提供高质量的社会公共服务
能力	地方政府官员面临选举的压力,他们要提升地方政府的能力,这样才能够提供有价值的服务	地方政府官员理解税收和消费决策可能带来的经济后果	地方政府官员能够履行其指定的职责,因为他们身居最高权力地位,有能力

20世纪80年代末,美国国际开发署开始将"地方民主治理"或者"地方分权"项目添加到其民主援助总体框架之中。苏联解体、东欧剧变后,美国民主援助机构实施的地方分权项目在20世纪90年代

---

① "Democratic Decentralization Programming Handbook," p. 17, https://urban-links.org/wp-content/uploads/Democratic-Decentralization-Handbook.pdf. 上网时间 2021 年 9 月 22 日。

迅速增加，其中一个重要原因是美国政府认为有效的分权是强化原苏联地区民主的一个重要工具。美国国际开发署希望加强中亚国家公民和目标机构的民主文化，促进中亚国家民主、多元、稳定的发展。地方分权是实施政治、经济和社会改革的核心，国际开发署的大多数目标能否实现取决于地方政府，但是推进更加有效和负责的地方治理是一个很重要且高风险的任务。

在美国民主援助机构看来，分权至少从五个方面有助于推进民主政治：第一，地方分权可以推动大部分民众更加直接地参与地方选举或者近距离观摩政府的运作等方式参与政治，同时这也有助于传播新政治理念和实践等方面的知识，使选民获得了民主政治的教育和训练的机会。第二，分权可以在地区层面培育新的政治精英，这些政治新星通过参与地方选举和地方治理，获得相应的政治技能和技巧，以便于更有效地参与国家政治。第三，通过推动地方分权和建立地方自治机构可以用来制衡或者对抗中央政府，可以预防中央政府职能的过度发展，防止中央过分集权和滥用权力。第四，地方分权可以推动地方政府和其他地方行为体参与地区经济社会事务的发展，增加地方民众的社会福利，提高效率。地方政府可以较为迅速有效地回应当地居民需求，提高行政效率。第五，推进分权有助于培育市场经济的发展。以美国为代表的西方国家、一些多边国际组织在中亚国家推进分权最重要的理由是"分权将会为在地方层面培育市场促进行为提供必要的结构性刺激，由此促进市场经济增长，这些动因可以被归结为：可预见性、效率和责任"[1]。此外，美国国际开发署的"新伙伴计划"（New Partnership Initiative）鼓励国际开发署驻外使团采用三管齐下的方法从目标国社会底层来促进民主和经济发展，在促进更高效、民主

---

[1] Pauline Jones Luong, "Economic Decentralization in Kazakhstan: Causes and consequences", https://www.researchgate.net/publication/228831501_Economic_decentralization_in_Kazakhstan_causes_and_consequences/citation/download，上网时间：2020年8月27日。

的地方政府的同时，培育和创建更活跃的地方民众倡议团体，推动中小商业企业的发展。美国针对目标国地方政府的民主援助项目能够与其公民社会项目联系起来，可以同目标国底层民众建立更多的联系，更有利于培育亲西方的社会氛围，以期达到更好的效果。

从本质上来说，美国在原苏联地区国家实施分权项目的根本目的在于从国家制度层面彻底消除原苏联高度集权的、垂直管理体制的残余，消除苏联的政治遗产的影响，并以美国的联邦制为模板推动中亚国家的地方分权，在中亚国家地方创造自治的区域政府，实现公共管理去中心化、放松管制、私有化等目标，进而推动公民政治参与和构建市场经济，从而为民主制度打下根基，为建立市场经济服务。

二 美国在中亚国家推进地方分权项目的概况

美国民主援助机构认为，地方分权能否成功，不同的国家采用的具体方法很重要。美国民主援助机构必须重视目标国的政治和经济背景、文化及传统、改革的意愿、分权改革的初始条件以及分权所能达到的阶段，包括可能面临的挫折等方面的差异。因此，美国的民主援助机构避免使用单一的模式和战略以及普遍性的分权方法。在《美国国际开发署2001—2005中亚援助战略》（USAID's Assistance Strategy for Central Asia 2001 – 2005）中明确提出：国家开发署将向有政治改革意愿的国家提供援助，支持和援助这些国家进行宏观层面的改革。因此，美国民主援助机构对中亚国家的投入都是建立在中亚各国改革的意愿和公民社会发展的机会的基础之上的。

美国在中亚地区实施的地方分权和地方民主治理活动大致可以分为三个阶段：第一阶段为试点和实验阶段（1994—2002年）。此一阶段美国在哈萨克斯坦、吉尔吉斯斯坦两国实施了地方政府改革项目。在 20 世纪 90 年代初,吉尔吉斯斯坦被认为是在民主化的节奏和深度方面中亚最先进的国家,甚至有西方评论家将吉尔吉斯斯坦称之为"民主的绿洲"。吉尔吉斯斯坦是中亚地区第一个实施公共管理和地方分权改革的国家。哈萨克斯坦领土面积位居世界第九位,拥有丰富的煤炭、石油、天然气以及金、铜等矿产资源,美国在促进哈萨克斯坦主权和独立方面具有重要的利益,美国在哈萨克斯坦拥有大量的投资,在中亚地区美国对哈萨克斯坦的援助份额最大。同时美国民主援助机构认为美国的民主援助在哈萨克斯坦取得了相当大的成果。哈萨克斯坦公民社会和公民参与领域进展较大。加之,哈、吉两国独立初期的民主进展和两国领导层的政策宣示表明两国存在构建真实的地方分权的重要机会。例如:"苏联解体后,哈萨克斯坦、吉尔吉斯斯坦两国总统都曾经公开承诺向地方民选官员转移权力是两国迈向灵敏和透明的政府的重要步骤。"① 因此,美国国际开发署认为在哈、吉两国推进地方分权将具有比较优势。因此,自中亚国家独立之初,美国国家开发署就在哈、吉两国实施地方分权项目。由于美国国际开发署认为土库曼斯坦和乌兹别克斯坦(卡里莫夫执政时期)两国缺乏地方分权的意愿,因此国际开发署不会在这两个国家寻求政府分权改革的目标。美国对这两个国家投入较少,民主援助的重点和实施策略也有所不同。美国民主援助机构认为,土库曼斯坦政府始终缺乏实施真正的经济或者政治改革的承诺,因此美国对土援助相当有限,美国国际开发署提供援助的领域包括:环境管理、能源发展、提升医疗服务质量、传染病预防与控制、推动私有部门和公民社会发展等。

---

① Marianna Gurtovnik, "Dencetralization Reforms in Kazakhstan and Kyrgyzstan: Slowly and Unsteadily", https://www.strategycenter.net/research/pubID.116/pub_detail.asp. 上网时间:2021 年 9 月 22 日。

表1　　美国国际开发署（USAID/ENI）在新独立国家的
战略目标（1997财政年度）①

	公民参与	法治	地方分权
哈萨克斯坦	√	√	√
吉尔吉斯斯坦	√	√	√
塔吉克斯坦	√	√	
土库曼斯坦			
乌兹别克斯坦	√	√	

第二阶段，全面展开阶段（2002—2009年），美国在前期试点项目的基础上，将地方分权项目扩展到中亚四国：哈萨克斯坦、吉尔吉斯斯坦、塔吉克斯坦和乌兹别克斯坦。这个阶段的项目通常被称为地方政府计划的第二个阶段（Local Government Initiative, Phase11）。此阶段，美国继续在哈萨克斯坦、吉尔吉斯斯坦两国推进地方分权的法律框架的建设，提升自治市镇的能力。此前，塔吉克斯坦内战制约了美国对塔援助的规模和水平。随着塔吉克斯坦国内政治和解进程的成功实施，美国国际开发署对塔吉克斯坦的援助也从短期的人道主义援助转向更多领域的援助，如：小企业和贸易发展、法治改革、商业和经济教育、推动公民社会发展、信息传播以及地方分权。在塔吉克斯坦，美国的工作重点放在了塔吉克斯坦总统地方改革工作组上。乌兹别克斯坦曾经是国际开发署感到推进地方分权领域最困难、发展希望最渺茫的一个国家。② 国际开发署在乌兹别克斯坦的项目重点放在培育和创建住房协会上，并把它作为民主管理的一种草根模式，处理社团需求。美国国际开发署认为，在乌兹别克斯坦高度集权的政治环境

---

① "U. S. Government Assistance and Cooperative Activities With the New Independent States of the Former Soviet Union FY1997 Annual Report"，https：//www. state. gov，上网时间：2019年3月22日。

② "Uzbekistan：Local Governance Initiative（LGI）Phase Ⅱ"，http：//www. urban. org/centers/idg/pdsdev/pdescrip. cfm？ProjectID=309&allprojects=1，上网时间：2010年11月29日。

下，这是向乌国民众展示以社区为基础的治理和透明度方面最有希望的、初始的窗口。

第三阶段，深入发展阶段（2009年至今），美国民主援助机构继续深入地在中亚四国实施类型多样的地方分权项目。例如：吉尔吉斯斯坦地方民主治理项目（Kyrgyzstan Democratic Initiative Program，DL-GP）、哈萨克斯坦对话项目（Kazakhstan Dialogue Initiative Program，DI）、塔吉克斯坦地方治理与公平参与项目（Local Government and Citizen Participation Program in Tajikistan）以及在乌兹别克斯坦推动公共管理分权项目等。乌兹别克斯坦在2007年以前选择了较为保守的改革路径。自2016年以来，乌兹别克斯坦积极采取措施逐步推进公共管理分权。《2017年乌兹别克斯坦行动战略》将公共管理分权确认为优先发展领域之一。美国国际开发署依据乌兹别克斯坦内政外交的变化及时调整援助项目和实施策略。

三 美国在中亚地区实施分权的主要做法

美国在中亚各国开展的地方分权项目主要围绕以下几个领域展开：创建地方分权的法律体系和政策环境、发展地方民主治理、提升地方自治政府的能力。

首先，美国积极为目标国地方分权营造适宜的法律和政策环境。美国在这方面的主要做法是：其一，是推动宪法层面的改革，推动目标国实施认可地方自治的宪法改革。宪法的相关规定可以为建立分权和地方治理提供基本的指导原则。其二，是在专项法律层面，美国还积极推动目标国制订一系列有关明晰中央政府、地方政府职能以及二者关系，建立地方选举体系以及有关地方财税收入、地方和中央财政收入分配等方面的法律，推动目标国实施管理、规则和政策也是美国在该领域的重点。美国民主援助机构对相关国家的制度政策环境进行分析，对相关的重要人物和决策者进行游说，安排他们到国外进行短期的学习访问，实地观摩他国分权的成功经验，帮助目标国设计专门的管理或财政分权政策体系和工具，确定政府间转移支付的原则，帮助地方政府设计财政管理体系和操作程序。最后，美国还积极的推动创建地方政府协会，并为之建立法律基础。美国认为，创建一个全国性的地方政府协会，代表地方政府进行倡议和游说活动将有利于培育适宜的法律环境。例如：美国国际城市管理协会（International City/County Management Association，ICMA）负责在哈萨克斯坦、吉尔吉斯斯坦两国改善政府间金融和预算体系，推动以社会为基础的经济发展。美国巴伦茨集团（Barents Group）在哈萨克斯坦主要从事税法、税收管理、财政分析、预算改革、政府间财政等各领域的活动。

其次，美国将推动地方民主治理作为实现地方分权的重要方式。美国在这个领域是要帮助地方政府和社会团体结成伙伴关系，促使地方政府以一种更加灵敏、负责、高效、广泛参与的方式运作，推动地方民主治理。美国民主援助机构帮助建立提升地方政府透明度和民众知情权的信息和交流机制，帮助建立公民参与机制，帮助建立地方民众和公民社会团体参与计划、预算和监督的机制，向公民社会组织提供培训使之具备获得地方政府信息、预算和投标文件的能力。美国民主援助机构与公民社会组织合作举办有关地方选举规则的公开论坛和研讨会。地方议会议员也是美国援助机构的培训对象，主要培训内容为预算、金融管理和税收管理等。支持议会议员与公民社会组织直接互动，例如哈萨克斯坦的对话项目，通过对地方和国家民主改革问题的公开辩论来提升公民社会组织和独立媒体的能力。在这一方面，美国城市研究所推动地方政府建立公开的渠道和机制来收集地方民众对地方服务重点领域、标准和满意度方面的建议，为地方民众提供表达观点和建议的平台。国际开发署积极推动地方政府、政治倡议型非政府组织、私立部门和其他团体建立积极的伙伴关系，解决共同的关切，这些共同关切的问题可能从改善社区的基础设施到促进地区经济发展。比如城市研究所推动吉尔吉斯斯坦的自治城市制定城市发展和行动计划。在这个过程中，地方自治政府、商业机构、公民社会都参与其中。美国城市研究所在哈萨克斯坦为促进地方政府和非政府组织建立良好的关系，开展培训、技术援助，并为地方非政府组织、商业协会、地区培训中心提供赠款。城市研究所还积极支持由多方参与的以社区为基础的经济发展委员会（CBEDC）和协调委员会来制订、优化和实施地区发展项目。最后，美国还鼓励非传统团体——妇女、少数民族团体和其他少数团体参与地方政府。城市研究所向这些团体提供培训和其他形式的援助，使之具备参与地方事务管理的能力。国际开发署还积极倡导公民参与有关确定地方资源分配的决策程序。美国认为，构建公民参与地方政府决策的机制，可以加强地方政府和公民之间的信任。城市研究所在中亚哈萨克斯坦和吉尔吉斯斯坦成功地实现了公民参与程序制度化，如举行预算公开听证会。

在这方面，美国民主援助机构还积极推动地方政府为公民和独立媒体创造获得地方政府会议、预算、经济发展战略等方面信息的渠道。国际开发署向地方政府提供财政和技术援助，帮助地方政府发展常设的信息机制——市政新闻中心，公民信息和服务中心、年度预算概要以及地方政府网站。通过这些方式，美国加强了地方政府同地方社团之间的信息交流和传播。比如，吉尔吉斯斯坦2006年通过了《吉尔吉斯斯坦国公民使用信息法》(the Kyrgyzstan Public Access to Inform Law, PAI)，城市研究所在吉尔吉斯斯坦实施的吉国分权和地方政府项目（DLGP）利用该法通过的机会，来促进改善公民信息惯例。吉国分权和地方政府项目创建了一种规则模式，吉尔吉斯斯坦地方自治事务局（NALSG）在修订后采用，并向吉尔吉斯斯坦全国430个自治实体散发。吉国分权和地方政府项目还对地方政府官员、议员、公民社会代表提供了几轮培训，培训内容涉及信息交流的重要性和保持双向信息交流的专门机制。城市研究所还努力增强地方政府与新闻媒体准确、清晰和及时地发布有关地方政府服务、议题、决议和公民参与决策等方面的信息。另外吉国分权和地方政府项目对记者进行培训，帮助他们更好地报道地方政府问题。吉国分权和地方政府项目还借助一些大众媒体教育民众，制作教育手册，通过学校、非政府组织、政府部门来散发和普及这方面的知识，提高公民的意识。

再次，美国民主援助机构积极支持地方选举工作。在美国民主援助机构看来，地方政府由民主选举产生是政治分权的重要标志，因此，支持和改革地方选举、帮助创建地方选举程序和规则一直是美国民主援助机构的重中之重。2001 年，吉尔吉斯斯坦修改了《选举法》，在农村自治城镇和 12 个大城市引进普选，这是吉尔吉斯斯坦第一次地方行政代表选举，吉尔吉斯斯坦不同阶层的地方自治政府的 8184 名代表通过直接选举产生。在美国民主援助机构的参与下，2001 年 10 月，哈萨克斯坦总统纳扎尔巴耶夫发布"农村（区）行政长官选举法"[On Elections of Akims of Aul (Rural) Districts] 法令，这项法令为哈萨克斯坦 28 个农村区（Rural Districts）试点选举区域长官设定了程序。2013 年 8 月，第一次选举填补了 2047 个行政岗位。

复次，提高地方政府的行政管理能力也是美国的重点活动领域。美国在这一领域的目标是帮助地方政府改善提供公共服务的能力，改善它们的财政状况。为实现这一目标，城市研究所主要采用如下做法：增强地方政府在决策中的作用，扩大地方财政收入，对地方政府官员在政策、项目分析能力方面进行培训。城市研究所为了增强地方议会的能力，在预算进程、资产管理和日常管理方面进行培训并提供技术援助，对议员准备和召开听证会提供援助，对公民进行培训，在影响地方政府的体制和财政问题上召开听证会。城市研究所为了增强地方政府的能力，在资产管理、战略计划制订、财政管理等多个领域开展培训，如在吉尔吉斯斯坦，城市研究所的工作重点是帮助自治政府采用战略性眼光利用它们的资产。提高向民众提供服务的水平也是地方政府能力的重要体现，并使收入最大化。城市研究所通过改善地方政府的信息收集、监督和报告体系，改革公共资产会计和使用相关的体制、法律和规则，帮助明晰地方政府和公用事业服务机构（如自来水公司）之间的法律关系等，最终提升地方政府公用事业的服务水平。美国民主援助机构还帮助改革中亚国家中央政府与地方政府收入共享分配机制；帮助提升地方政府的管理能力和水平，例如，美国城市研究所帮助乌兹别克斯坦改善地方管理职能，帮助地方政府建立土地和资产管理的程序和体系，帮助改善地方收入和提升地方理事会的功能。至2009年，美国国际开发署同塔吉克斯坦67个城市、农村自治政府（占总数的14%）合作过。

最后，在舆论层面，美国还积极推动建立有利于地方分权的舆论环境，城市研究所支持一些独立的思想库、国家层面的职业团体和非政府组织推动地方政府改革，其典型的活动是提供、准备有用的信息，对相关立法活动进行分析和评论，传播地方分权等思想和理念。比如城市研究所在吉尔吉斯斯坦创建了一个非政府组织——发展政策研究所（DPI）来传播思想，并开展有关地方分权的相关研究。国际开发署鼓励受援国政府通过和实施有效的分权计划，其中包括定期召开自由、公正的地方选举。这些活动主要针对目标国的中央政府。这方面最典型的例子就是城市研究所（Urban Institute，UI）积极同吉尔吉斯斯坦地方自治法的法律起草者会面，向他们提供其他转轨国家在这方面的法律样本，散发城市研究所伙伴对吉尔吉斯斯坦法律草案的评论，同时城市研究所还向吉尔吉斯斯坦财政分权问题提供技术援助，帮助确定影响地方政府财政法律的原则和环境。此外，城市研究所还同吉尔吉斯斯坦议会、政府、总理办公室、地方自治政府和地区发展局长办公室与其他国家机构合作制订支持地方政府自治方面的政策和法律，支持吉尔吉斯斯坦决策者实施《2010年吉尔吉斯斯坦综合性全国分权战略》。

四 美国分权项目的效果评估

三十年来,美国在中亚国家实施的地方分权项目取得了一定的成效,美国实现了部分预期的效果,但是美国的介入和干涉给中亚国家未来的政治发展带来的消极影响更大。

在美国的介入下,中亚国家均将地方分权、地方自治的思想写进了本国包括宪法在内的法律框架体系,还有的国家将地方分权、公共管理分权等目标写入本国的长期发展战略和长期规划。美国相关机构帮助中亚国家改革城市金融体系,采用西方会计实践,中亚国家纷纷采用西方式的财政管理、金融、税收管理体系和操作程序。中亚大部分国家都引进了西方式的选举制度和程序,都进行了地方选举。哈萨克斯坦是中亚地区最积极的改革者,在地方层面实施了大量的改革和地方自治政府行政长官的试点选举,对一些社会公共服务进行了私有化。吉尔吉斯斯坦在村级、城镇举行地方选举,并且给予地方更大的自主权。在美国的直接干预下,中亚国家地方层面出现了大量的公民社会组织和所谓的独立智库,这些组织长期从事有关地方分权的倡议和宣传活动,参与地方民主治理,对地方政府进行监督。经过多年的运作,美国已经具备了干预中亚国家地方政治层面以及收集舆情的渠道和手段。因为前文对美国的具体活动和做法已经做了较多的论述,在此对美国的项目所取得的成效就不再论述了。下面本文将探讨美国的分权下对中亚国家未来政治发展所带来的不利影响。

第一,地方分权给相关国家带来离心倾向和政治动荡。部落和地区认同在中亚国家的政治和官僚体系中发挥着重要的作用。部落、部族仍是哈萨克斯坦、吉尔吉斯斯坦、土库曼斯坦三国认同的一个重要来源。中亚国家还存在地区关系网络如吉尔吉斯斯坦分为南、北两大地区,塔吉克斯坦南北双方曾经围绕国家权力发生内战,在乌兹别克斯坦掌握国家政权的是塔什干和撒马尔罕两大地方势力。中亚国家地区关系网络建立在密切的经济、政治联系和语言的基础之上。在中亚国家，部落和地区赞助网络框架在治理结构中有强大的存在，并且主导了重要的政治进程。复杂的地区部落、部族之间的竞争和敌对使得这些国家的政治和国家构建过程复杂化。公共管理框架中官员的行为和关系不是建立在正式的规则之上，而是主要由非正式的规则和关系网络驱动。在塔吉克斯坦，中央政府面临地区网络和集团强大的抵制，地区领导人在本地区内具有合法性，同中央政府争夺自然资源、金融资源和管理资源，并且为他们的领地设定游戏规则。在塔吉克斯坦、吉尔吉斯斯坦两国，中央政府相对比较薄弱，分权不仅导致更多的权力寻租行为，而且导致更大的不稳定风险，加剧地方势力的离心倾向，弱化国家认同，催生相关国家政治结构的碎片化。正如美国国际开发署自己在《地方分权援助手册》中说："分权通常带来一些缺陷、危险和难以预料的后果。在许多情况下，分权并未能解决它准备解决的问题，反而引发了一些新的问题。"① 许多人认为分权能够提高公共产品的质量，实际上许多例证表明公共服务并未取得明显的改善，反而有所下降。还有一些事例证明，分权催生了一些新的问题：中央政府与地方政府之间产生了一些新的冲突领域。②

第二，中亚国家的公共管理职能并未得到改善，相关国家的社会公共服务水准下滑。总的来看，美国试图通过地方分权来改善中亚国家公共管理的尝试是失败的。中亚地区实施地方分权国家的一个共同趋势是中央政府向地方政府转移了大量公共服务的责任，但却没有提供足够的资金。以吉尔基斯坦为例，在教育领域，由于缺乏足够的财

---

① "Democratic Decetralization Programming Handbook," p. x, https：//www.docin.com/p-375225682.html，上网时间：2020年4月20日。
② "Democratic Decetralization Programming Handbook," p. 2, https：//www.docin.com/p-375225682.html，上网时间：2020年4月20日。

政支持，地方政府没有足够的资源维护学校，提供足够数量的课本和运动设施，由此导致吉尔吉斯斯坦公共教育质量恶化。由于公共服务的匮乏，一些非政府组织开始发挥替代性作用，向贫困家庭提供某种形式的社会援助，提供医疗服务。中亚国家的一个共同趋势就是传统的以社区为基础的组织在人民的日常生活中作用日渐凸显。在地方层面，政府缺乏足够的能力提供社会服务，这些传统组织的兴起从侧面说明相关的国家社会公共服务水平下降的现实。

第三，中亚国家财政分权取得的成效有限，难以满足地方发展需求。从财政结构的角度来看，中亚地区一些国家分配一些地方税和共享税作为地方政府财政收入的来源，但是管理和税率、税基的决策权完全掌握在中央政府手上。这些国家的地方政府在所有的政策问题上，如税收、提供服务、地方发展、私有化等大都非常依赖中央政府。地方政府的税收收入不足以满足地方财政需要，地方政府的财政极大地依赖中央的财政转移支付。中亚四国的地方政府没有真正的能力满足民众的需求和关切。地方政府所获得的收入只占地方收入的一小部分，不足以维持基本的支出，地方政府可供使用的财政手段很少，缺乏足够的资源维护社会基础设施，并且这些基础设施大多是苏联时期修建的。由于中央财政转移支付力度不足，尽管许多公共服务在法律上进行了去中心化的处理，但是责任机制缺乏，责任水平低。同时又给予地方政府极度广泛的权力，由此引发了激烈的利益争斗，增加了腐败的风险，出现了精英捕获现象。例如：2020年12月，乌兹别克斯坦安集延州、吉扎克州、花剌子模州三个州的亲属所控股的公司赢得了州里的投标项目。

第四，美国推动的政治分权对中亚相关国家政治体制触动不大。中亚国家独立前，各国都建立了苏联式的高度集权的管理体制，此政治体制的一个突出特点就是中央政府严格控制地方政府的资源、决策和责任。虽然美国推动的政治分权取得了一定的成效，但仍未触动苏联式的垂直的行政管理体系。

由于苏联的遗产和管理传统，中亚国家分权的过程和尝试是缓慢的，而且面临各种权力结构的强大阻力。地方政府在所有的事务上都依赖中央政府，中亚国家的行政体系仍具有从上至下的从属关系。地方立法委员会、地方议会对任命的地方行政长官负责。即使是哈萨克斯坦宪法赋予哈国民众有权利通过地方议会弹劾区域行政长官的权利，但是这个程序非常复杂，不存在现实操作性。在吉尔吉斯斯坦，地方选举委员会地位边缘化，仅仅是本级行政机构的下属。总结来看，中亚诸国的分权发展存在的缺陷可以归结为以下几个方面：路径依赖、非正式机构主导、集权主义的政治文化、薄弱的地方立法机构等。

美国脱离中亚国家历史、政治、文化传统和现实国情强行移植和盲目照搬美国的民主政治制度注定是不会成功的。美国式的地方自治模式产生于美国早期特殊的政治、历史条件下，不具有普遍性的意义。中亚国家在政治发展、国家建构等方面拥有完全不同的历史经验。西方国家社会制度的基础是个人主义和追求个人利益，中亚国家社会机构最重要的特色就是建立在部落、部族和地区认同基础上的集体主义。中亚社会模式的基础是集体主义、忠诚和义务。因此，中亚国家的社会、政治环境迥异于西方国家。美国一厢情愿的做法将会给中亚国家未来的国家政治发展走向带来长远的不利影响。美国民主援助机构试图推动中亚国家的公共管理转型，但是美国民主援助机构没有认识到中亚国家政治体制下隐秘的权力关系，中亚地区部落、部族、地域关系网络主导着中亚国家的政局，推进地方分权只会加剧不同地域、部落的国家精英围绕掌控国家权力及资源展开激烈的争斗，弱化国家认同，催生政治和社会动荡。

美国的民主援助在改善中亚地区国家公共管理体系方面几乎没有取得什么进展。美国的援助反向巩固了中亚地区国家传统的部落和地区庇护关系网络。来自西方的有附加条件的贷款、援助和其他类型的援助并没有成为推动中亚国家公共改革的途径,反而成为其保护现存的非正式结构和地区关系框架的工具。中亚国家这种非正式的网络关系因为西方援助机构经济、政治和规范的资源流入重新获得了强化,外国援助的涌入阻碍了中亚国家的公共改革进程。

浅析俄罗斯与塔吉克斯坦双边关系的不对称性

梁朕朋[*]

摘要：本文通过梳理俄罗斯与塔吉克斯坦于21世纪前20年的双边关系的历史演进历程，发现关系不对称性特点贯穿在两国互动进程的始终，并从外交、军事、经济、移民四个维度试图解释这种不对称性，为后疫情时代俄塔关系动向评判提供借鉴意义，同时也为国内学术界研究俄罗斯中亚问题丰富了实践材料。

关键词：俄罗斯；塔吉克斯坦；双边关系

问题的提出

塔吉克斯坦是中亚地区与中国具有相邻边界的小国之一，对中国构建"一带一路"项目具有一定重要意义的地缘战略价值，同时，塔吉克斯坦是独联体国家之一，在中亚地区具有别具一格的特点，持中亚地区贫困小国身份，虽未加入俄罗斯主导的欧亚经济联盟，但与俄罗斯互动过程中呈现出不对称性特点，本文从双边互动历史进程梳理中提出该假设，并通过塔吉克斯坦在经济、军事、移民等领域严重依

---

[*] 梁朕朋，兰州大学中亚研究所、兰州大学政治与国际关系学院讲师，博士。主要研究方向：俄罗斯中亚问题。

赖俄罗斯的现实对该假设进行检验。

一 二十一世纪前20年俄罗斯与塔吉克斯坦双边互动历程

21世纪前20年俄塔关系走向基本经历了以下三个阶段：

2000—2004年。该阶段双边关系总体上向积极方向发展，略微下滑，也出现一些矛盾。21世纪初俄罗斯与塔吉克斯坦双边关系在俄罗斯与中亚国家发展务实风格互动背景下出现下滑。一是，对塔吉克斯坦提出支付军事演习费用的要求。① 这给刚结束内战并经历3年过渡期的塔吉克斯坦造成严重的经济负担。二是，塔吉克斯坦与乌兹别克斯坦双边矛盾并没有任何改善、俄乌双边关系的快速发展使俄塔关系降温。三是，俄美与塔合作意愿低落。俄罗斯想通过团结中亚国家支持美国在阿富汗的反恐行动来改善北约对塞尔维亚军事行动后恶化的俄西关系，重建俄美关系。美国在2001—2005年的反恐战争中对与塔吉克斯坦的合作意向不高，反而与乌兹别克斯坦和吉尔吉斯斯坦表现出积极的合作意愿。

2005—2010年。俄塔双边关系出现严重矛盾，表现出不稳定特点，体现在：一是，塔方积极主动与俄方斡旋，在双边投资合作协议的落实方面没有取得实质性成果，促使塔方寻求其他域外大国，寻求能源合作。在上一阶段莫斯科与杜尚别之间签署的178个协议，有40个失去效力，其他协议因财政不足没有得到落实。② 二是，两国在能

---

① Соглашение между Правительством Российской Федерации и Правительством Республики Таджикистан о порядке предоставления Российской Федерацией Республике Таджикистан военных полигонов для проведения боевых стрельб воинскими частями и подразделениями Войск противовоздушной обороны Республики Таджикистан от 19 июня 2000 г. Бюллетень международных договоров. 2000. № 11. С. 50 – 55.

② "Начало встречи с Президентом Таджикистана Эмомали Рахмоновым", http：//www.kremlin.ru/events/president/transcripts/23597，访问时间：2020年8月7日。

源市场、经济贸易、政治煽动、语言政策等方面的不协调激化了两国之间的矛盾。三是，2008—2009年全球金融危机引发一部分塔吉克劳务移民在俄罗斯失业，从而影响塔吉克斯坦劳务移民向国内汇款总量，进一步影响双边关系。

2011—2020年。两国关系从2011年开始逐渐改善，两国致力于解决在军事、经济、移民等方面的争议与矛盾。在俄塔关系走向正常化的过程中，俄罗斯的决策至关重要。北约东扩以及西方抑制俄罗斯复兴加深俄罗斯在中亚地区与其他域外大国博弈程度，加强与塔吉克斯坦的边境安全合作、高层互动次数增多就是典型案例。俄罗斯联邦总统弗拉基米尔·普京两次对塔吉克斯坦进行了正式访问（2012年10月5日和2017年2月27日至28日）。塔吉克斯坦总统分别于2013年7月和2013年8月，2014年2月，2015年10月和2017年10月对俄罗斯进行了工作访问。2018年4月8日至9日，塔吉克斯坦外交部长对俄罗斯进行了正式访问。2019年2月4日至5日，俄罗斯外交部长谢尔盖·拉夫罗夫（Sergei Lavrov）对塔吉克斯坦进行了正式访问。[1]

二 俄塔双边关系不对称性

继从双边关系阶段性演变窥探俄塔互动中存在严重不对称性，下面从军事、经济、移民领域对两国之间不对称性进行验证，有助于进一步理解本文的研究假设。军事、经济、社会事务等领域作为国内政治与国家之间互动的主要方面，在世界政治与国际关系发展中占据重要位置。比如，从现实主义对世界政治的假设出发的话，那么军事安全作为"高级政治"是最重要方面，并且军事安全主导着经济和社会事务。显然，这种理论对于俄罗斯和塔吉克斯坦的国内政治适用性非

---

[1] "Межгосударственные отношения России и Таджикистана", https：//ria.ru/20190416/1552705446.html，访问时间：2020年8月7日。

常有限，但不可否认，军事、经济功能和国家的其他功能紧密相关，而且有时军事、经济、政治手段彼此协调、相互配合可以在国家互动中实现国家目标。

（一）军事合作不对称性

塔国对俄方军事诉求。塔吉克斯坦内战（1992—1997）加剧了国家政权与社会发展不稳定性。塔对俄军事诉求是双方军事合作不对称性的主要原因。俄罗斯是塔吉克斯坦和平与稳定的保证者。1999年4月16日塔俄两国签署了《面向21世纪的同盟合作条约》和《俄罗斯在塔吉克斯坦军事基地的地位和驻扎条件条约》等重要文件。

苏联解体后的不确定性和不稳定状态为塔吉克斯坦领导层适应新的地缘政治形势和制定新的与地区和全球政治重点相对应的外交政策提供了艰巨的任务。[①] 具体体现在苏联解体后，塔吉克斯坦经历过1992—1997年内战，在与外界互动的过程中努力构建民族和平进程。此外，阿富汗长期战争以及相关不利因素也对塔吉克斯坦政权和社会发展造成安全威胁。塔吉克斯坦在面对邻国阿富汗的安全威胁时，需要俄罗斯的军事援助。这种威胁不仅对塔吉克斯坦造成安全隐患，同时也影响到中亚地区的安全与稳定。从这一角度来讲，塔吉克斯坦的安全利益与俄罗斯确保中亚地区的稳定与安全相符合，即双方在军事安全角度上，可以说，具有共同的利益。不仅在双边框架下俄罗斯与塔吉克斯坦军事合作密切，同时俄罗斯与塔吉克斯坦军事合作借助多边框架下的军事演习增强合作的建设性。俄罗斯与塔吉克斯坦双边军事合作发展非常迅速，俄罗斯不仅向塔吉克斯坦提供军事技术援助，而且也帮助塔吉克斯坦共和国重新装备军队，俄罗斯与塔吉克斯坦的

---

① Зафари Шерали Сайидзода, "Таджикистан – Россия：геополитические отношения на рубеже столетий. Международная жизнь", https：//interaffairs.ru/jauthor/material/1241，访问时间：2020年8月7日。

双边军事合作计划具有长期性、建设性，而且随着区域外各种因素的变动不断进行调整，比方说，叙利亚事件。俄罗斯和塔吉克斯坦的联合军演计划还涉及集体安全条约组织、上海合作组织以及其他大规模反恐活动等。俄罗斯在中亚地区的军事一体化体现在集体安全条约组织框架下，俄罗斯与塔吉克斯坦在军事层面上的紧密合作"共同防御"的需求，集体安全条约组织是一个开放的军事政治组织，具有防御性质。根据"宪章"，主要目标是加强和平，维护国际和区域安全与稳定，集体保护成员国的主权独立和领土完整，优先考虑通过政治实现目标。[1] 俄罗斯与塔吉克斯坦军事驱动双边关系可持续发展。[2]

尽管双方就边境问题的军事技术合作处于高水平状态，[3] 然而两国曾利用军事基地和经济投资在双边关系的发展进程中相互博弈。据塔吉克斯坦专家称，由于塔吉克斯坦经济困难和莫斯科没有履行其承诺在塔吉克斯坦投资20亿美元建造罗贡水电站的事实，塔吉克斯坦被迫采取极端措施，[4] 提出向俄罗斯收取军事基地的驻扎费用。确立互利互惠性质的多领域关系是两国于2010年之前互动过程中形成的折中方案。2009年7月30日梅德韦杰夫在对杜尚别进行工作访问期间，两国表示愿意在平等原则基础上确定在塔吉克斯坦发展水力方面的共同利益。[5] 塔吉克斯坦提出收取俄罗斯201军事基地在塔国的租金问题，

---

[1] Искандаров Акбаршо，"Безопасность и интеграция в центральной азии：роль ОДКБ и ШОС"，ЦЕНТРАЛЬНАЯ АЗИЯ И КАВКАЗ.2013．№ 16（2）．С.23.

[2] "Сергей Шойгу рассказал об отношениях России и Таджикистана"，https：//rg.ru/2019/05/29/sergej-shojgu-rasskazal-ob-otnosheniiah-rossii-i-tadzhikistana.html，访问时间：2020年8月7日。

[3] Пирумшоев Х.，Маликов М."Россия - Таджикистан：история взаимоотношений"，Маликов，2009，С.688.

[4] "Таджикистан все настойчивее хочет от России плату за базу"，https：//centrasia.org/newsA.php? st=1256110260，访问时间：2020年8月7日。

[5] "Переговоры с Президентом Таджикистана Эмомали Рахмоном"，http：www.kremlin.ru/news.4981，访问时间：2020年8月7日。

而莫斯科则作出按照市场价格出售塔国武器的回应。①

随着双边关系进入新阶段，俄罗斯第 201 军事基地和塔吉克国防部的联合行动正在成为中亚和平与稳定的保障。俄罗斯第 201 军事基地专家每年对塔吉克武装部队成千上万的初级专家进行培训，向该国武装部队提供弹药、武器和军事装备、军事技术财产。俄罗斯和塔吉克斯坦正在考虑军事技术合作的新领域。俄罗斯和塔吉克斯坦之间军事技术合作的主要领域是在俄罗斯联邦国防部各大学为塔吉克斯坦共和国军队的职业军官提供教育和培训。同时联合重建阿尼机场并为塔吉克斯坦武装部队所用，在纽伦克光电基地对电子专家进行培训，以便随后为科学和国防目的探索外太空做准备。②

（二）经贸合作不对称性

在塔吉克斯坦经贸结构中，俄罗斯占的比重很大，而在俄罗斯经贸结构中，塔吉克斯坦所占比重几乎可以忽略不计，呈现可替代性。③从市场份额层面来看，俄罗斯对塔吉克斯坦经济市场发展的参与更多源于俄罗斯在后苏联空间"家长式"作风的考虑。反观，塔吉克斯坦未加入俄罗斯在欧亚地区主导的多边经济组织欧亚经济联盟，对该组织依赖性不大，而是积极在该组织空间内寻找经济互动伙伴来有利于塔吉克斯坦经济结构良性发展。④

俄塔贸易额不对称。从 2000—2010 年，塔吉克斯坦与俄罗斯之间

---

① Габуев А. "Равноплатный военный союз", *Коммерсант – daily*, 1 авг. 2009.

② "Стало известно о новых направлениях военного сотрудничества РФ и Таджикистана", https：//tj. sputniknews. ru/country/20190418/1028704410/V – 201 – y – RVB – soobschili – o – novykh – napravleniyakh – sotrudnichestva – v – voennoy – sfere – mezhdu – RT – i – RF. html, 访问时间：2020 年 8 月 7 日。

③ "Перспективы развития несырьевого экспорта из России в Таджикистан", https：//tj. sputniknews. ru/company_ news/20190929/1029945030/perspektivy – razvitie – nesyrevoy – eksport – russia – tajikistan. html, 访问时间：2020 年 8 月 7 日。

④ Зарина А. Дадабаева. "Торгово – экономическое сотрудничество стран ЕАЭС с Республикой Таджикистан", Проблемы постсоветского пространства. 2019, 6 (4). С. 355 – 365.

出现了不良的贸易趋势,首先表现在两国的贸易不平衡。2010年与2000年相比,塔吉克斯坦对俄罗斯贸易出口额下降了2.5倍多,如果把2010年与1991年相比,那么塔吉克斯坦对俄罗斯贸易出口额增长了3.2倍。而进口额则增长了39.6倍。这些数字表明,进口额的增长速度是出口额的13.0倍。因此,塔吉克斯坦与俄罗斯贸易逆差非常大,仅在2010年,进口额就超过出口额8.5倍。① 塔吉克斯坦与俄罗斯贸易不平衡在2011—2018年时间段内呈现扩大的趋势。

根据俄罗斯官方统计数据与塔吉克斯坦官方统计数据并由笔者计算显示,从2013—2017年塔吉克斯坦在俄罗斯出口总额中占比分别为0.1732%、0.238%、0.305%、0.345%、0.252%,而从2013—2017年俄罗斯在塔吉克斯坦出口总额占比分别为10.34%、5.2%、6.4%、5.6%、2.68%。由此可见,双方在彼此的出口总额中所占的比例差距很大,塔吉克斯坦在俄罗斯出口比重中占比非常低,不足0.4%,该时间段内,占比差距至少在10倍以上,而俄罗斯在塔吉克斯坦出口总额占比逐年降低。塔吉克斯坦在俄罗斯出口比重中不足0.4%。② 2019年俄罗斯占塔吉克斯坦进口贸易总额首位,约30.4%③

(三)移民问题增强塔吉克斯坦对俄罗斯的依赖性

移民问题是导致塔吉克斯坦对俄罗斯依赖性增强的一个关键因素。

---

① UMAROV Khojimakhmad, "Comparative analysis of Tajikistan's trade and economic relations with Russia and China", CENTRAL ASIA AND THE CAUCASUS. 2013, Volume 14. Issue 3. p.131.

② 俄罗斯2013-2017年度出口总额(以百万美元为单位)525976、497359、343512、285652、357767,2013-2017年进口总额(以百万美元为单位)分别为315298、287063、182902、182448、227464,详见俄罗斯国家统计局官网https://rosstat.gov.ru/folder/11193;塔吉克斯坦2013-2017年度出口总额(以百万美元为单位)分别为1161.8、977.3、890.6、898.7、1198,塔吉克斯坦2013-2017年度进口总额(以百万美元为单位)分别为4150.7、4297.4、3435.6、3031.2、2774.9,详见塔吉克斯坦国家统计局官网https://www.stat.tj/ru/news/publications/tajikistan-in-figures-2020,访问时间:2020年8月7日。

③ Kerimkhanov Abdul, "Russia Tajikistan's main trade partner", https://menafn.com/1099306979/Russia-Tajikistans-main-trade-partner,访问时间:2020年8月7日。

在 2000—2010 年，难民移民逐渐转变为劳务移民，此时塔吉克斯坦劳务移民的流向主要是俄罗斯和哈萨克斯坦。①

劳务移民对劳务派遣国和劳务接收国经济会产生不同的影响。劳务资源输入有利于劳务接收国经济的发展。通常认为，劳务派遣国同等受益。劳务移民在塔吉克斯坦这样的转型国家中发挥着特殊作用，有助于吸收和缓解社会不满。当经济崩溃，群众失业时，对于许多塔吉克人来说，出国工作是唯一选择。作为解决失业问题的一种手段，劳务移民已成为适应新的经济和社会形势的重要工具。②塔吉克斯坦是世界上高度依赖汇款的国家之一。③根据世界银行的数据，2017—2019 年塔吉克斯坦从境外汇款总额在该国 GDP 中的占比分别为 31%、29%、28%。④从 2002 年开始塔吉克斯坦从境外汇款总额在该国 GDP 中的占比走势如下表所示，从 2002—2008 年、2009—2013 年、2016—2017 年这三个阶段都呈上升趋势，而 2008—2009 年、2013—2016 年、2017—2019 年这三个阶段都呈下降趋势，尽管波动趋势不一致，但近十年（2010—2019 年）来，占比最低值为 26%（2016 年），最高值为 43%（2013 年）。

从以上数据分析可以看出，塔吉克斯坦是一个经济薄弱的贫穷国家，移民汇款从 2002 年起逐年攀升，在塔吉克斯坦的 GDP 中占有相当比例。根据这些数据可以看出，该共和国约三分之二的国内生产总值来自在俄罗斯工作的移民的汇款，所以移民汇款在塔吉克斯坦经济结构中占重要地位。

---

① A. K. Rakhmonov, R. V. Manshin. Trends and strategies of labor emigration fromTajikistan to OECD countries. RUDN Journal of Economics（Вестник РУДН. Серия：Экономика）. 2019 Vol. 27. No. 1. p. 160.

② Saodat Olimova Igor Bosc. "LABOUR MIGRATION FROM TAJIKISTAN", Mission of the International Organization for Migration,. July 2003. p. 8.

③ Catherine Putz. "Russia Ratifies Agreement With Tajikistan on Labor Migrants", https：//thediplomat.com/2020/01/russia – ratifies – agreement – with – tajikistan – on – labor – migrants/，访问时间：2020 年 8 月 7 日。

④ https：//data.worldbank.org/indicator/BX.TRF.PWKR.DT.GD.ZS? locations = TJ.

浅析俄罗斯与塔吉克斯坦双边关系的不对称性

表1　2002—2010年塔吉克斯坦境外汇款在该国GDP总额中的占比

年份	2002	2003	2004	2005	2006	2007	2008	2009	2010
占比	6.434	9.389	12.138	24.407	34.48	40.696	44.126	31.444	35.811
年份	2011	2012	2013	2014	2015	2016	2017	2018	2019
占比	41.738	42.216	43.768	37.136	28.756	26.859	31.255	29.022	28.606

资料来源：世界银行统计数据，https：//data.worldbank.org/indicator/BX.TRF.PWKR.DT.GD.ZS? locations = TJ。

劳务移民是俄塔关系中的一个显著特征。塔吉克斯坦涌向俄罗斯的劳务移民，在规模上，已经达到空前现象。"2019年有超过53万塔吉克斯坦人离开本国前往其他国家工作，其中包括7.7万名女性。其中将近52万人前往俄罗斯的城市寻找工作，9000多人前往哈萨克斯坦。与去年同期相比，该国的劳务移民增加了6.26万人，即13%。与2010年相比，移民流明显减少了60%。同时，返回家园的人数比同期有所增加。总共有49.1万多同胞返回塔吉克斯坦。"① 塔吉克斯坦劳务移民无论是在国家层面上，还是在家庭层面上，对塔吉克斯坦经济至关重要。从上面的表1可以看出，一方面，从2002年起，这对塔吉克斯坦经济发展做出了巨大贡献。另一方面，既有研究表明，塔吉克斯坦对该笔资金来源具有严重依赖性，原因是大部分移民汇款都用于家庭消费，而很少用于创收投资，"分析汇款使用的情况表明，来自外部劳务移民的汇款55%的资金用于满足日常需求，剩下的用于房屋建设，建立小型企业组织，购车；11.5%用于婚礼和宗教仪式"②。

早前有学者做过抽样调查，调查结果是有三分之二受访移民表示，塔吉克斯坦缺少工作机会与低工资是移民的主要驱动力。塔吉克斯坦

---

① "За прошедший год в Россию и Казахстан на заработки выехали свыше 530 тысяч граждан Таджикистана, из них 77 тысяч женщин,. https://tj.sputniknews.ru/migration/20200206/1030670764/migraciya-russia-tajikistan.html，访问时间：2020年8月7日。

② Ульмасов Р. Парфенцева О. "Миграция и рынок труда России и Таджикистана: проблемы и перспективы"，2010. C. 166.

国内缺乏经济前景以及亲戚朋友在俄罗斯成功的移民经历是塔吉克斯坦移民想要到俄罗斯碰运气的主要动机。另外，关于在俄罗斯就业方面，有三分之二受访移民表示，在俄罗斯居住的亲戚朋友的帮助下工作已经提前安排好，绝大部分从业人员的工作领域都是在建筑工地或者工厂，属于非技术人员类别，他们来到俄罗斯的主要目的是赚钱。此外，超过80%的劳务移民仅持非正式合同，也就是说，与雇主只有口头协议。没有正式的书面合同，这是该国劳务移民在俄罗斯普遍存在的问题。此外，受访者中，75%的劳务移民每月向家寄回的汇款在100—500美元之间，有些甚至超过1000美元每月。80%的受访者表示，汇款主要用于家庭日常开支，即汇款主要用于缓解贫困。[1]

移民问题成为俄塔双边关系的热点话题不仅体现在劳务移民的数量庞大，还体现在由劳务移民引发的一系列问题。一方面，体现在劳务移民本身在融入俄罗斯社会生活时在民间团体引起的各种反响，比如，没有按照移民法规的劳务移民在俄罗斯的比例很高，当前俄罗斯正在不断实施限制非正规移民的措施，加强移民领域的执法，包括对屡次违反俄罗斯法律和法规的外国人实施发布再入境的禁令。另一方面，体现在移民话题在双边政治问题拉锯中成为调节杠杆。

就以上而言，俄罗斯与塔吉克斯坦在移民领域确实一直存在问题，不应该简化两国在该领域由此而引发的矛盾，并且近年来该问题受到两国领导人在政治交流过程中的紧密关注。每年数十万塔吉克斯坦人作为劳务移民来到俄罗斯，他们像来自其他亚洲国家的劳务移民一样，遇到一系列问题。比如说，在社会融入方面，移民被俄罗斯原住人口视为潜在威胁，在俄罗斯大众意识形态中，劳务移民抢占本土商人的市场资源等。

为此，俄罗斯完善移民领域的法律法规是解决该问题的有效途径

---

[1] Alexander Maier, "Tajik Migrants with Re-entry Bans to the Russian Federation", International Organization for Migration, 2014, pp. 36, 15 – 17.

之一。

塔吉克斯坦非法劳务移民不仅已经成为媒体不断争论的话题，而且也受到了俄罗斯与塔吉克斯坦国家和政府层面的高度关注。劳务移民监管问题一直都是双边会晤讨论的议题之一。在解决由劳务移民扩大而引发的一系列问题以及为确保劳务移民在俄罗斯的合法权益方面，两国致力于不断完善国家、政府层面的移民监管系统。例如，在"2003年由塔吉克斯坦共和国和俄罗斯联邦的监管机构通过并批准了一项政府间协议，该协议旨在为劳务移民管控问题建立法律体系与机制"①。2004年6月普京与拉赫蒙的索契会晤决定了双边移民政策于2005年前夕发生了翻天覆地的变化。索契决定为塔吉克斯坦人解决入境签证问题。指出两国立法和行政机关在解决塔吉克斯坦劳务移民问题上的积极贡献。为规范外部劳务移民以及为塔吉克斯坦劳务移民在俄罗斯境内创建良好的工作条件，2004年10月签署了《关于塔吉克斯坦公民在俄罗斯以及俄罗斯公民在塔吉克斯坦的劳务活动与权利保护》政府间协议。②

2006年7月18日俄罗斯对《关于外国公民的法律地位》做了修改，有助于创建良好移民环境、提高俄罗斯法律威严。塔吉克斯坦公民在俄罗斯联邦的主要问题是许多塔吉克斯坦劳务移民未经移民局许可而就业。劳务移民所在辖区的塔吉克斯坦劳务局代办处出面解决因雇主责任缺失导致劳务移民的工资很少的事情。③ 当俄罗斯总统普京于2012年10月访问塔吉克斯坦的时候，俄罗斯和塔吉克斯坦在劳务移民领域的合作的重要成果是批准了《塔吉克斯坦公民在俄罗斯联邦

---

① Азимов А. Д. "Взаимодействие рынков труда Таджикистана и России в условиях трансформации демографических процессов", Вестник ТГУПБП. 2014. № 1/10. С. 125.

② Шарипова А. Г. "Некоторые особенности внешней трудовой миграции в Республике Таджикистан и ее влияние на социально‐экономическое положение страны", 2013, С. 70.

③ Шарипова А. Г. "Некоторые особенности внешней трудовой миграции в Республике Таджикистан и ее влияние на социально‐экономическое положение страны", 2013, С. 71.

领土上停留程序协定》。① 文件规定塔吉克斯坦公民要在 15 天之内到注册的相关部门进行登记，根据该协议的备忘录延长塔吉克斯坦公民的工作许可日期。现在许可日期是 3 年，而不是之前的 1 年。延长工作许可证的有效期塔吉克斯坦公民可以不用出境。实现政府间有组织的招聘协议，根据该协议将塔吉克斯坦公民招聘到俄罗斯联邦工作。

如果将塔吉克斯坦在俄罗斯的劳务移民进行分阶段分析，很明显，2013 年是个时间节点，原因是在 2005 年至 2013 年期间，对于俄罗斯而言，外来劳务移民呈增长趋势，② 但近年来情况有所变化，尽管在数量上呈现相当规模，但按照年度进行纵向比较的话，会发现塔吉克斯坦入境俄罗斯的劳务移民近几年来不是呈现增长趋势，至于原因，一是由俄罗斯联邦移民法规的变化而引起的塔吉克斯坦去俄的劳动移民数量减少；二是受以美国为首的西方国家对俄罗斯经济制裁影响，俄罗斯经济呈下滑态势。以上两种因素是这一时间段的主要动因，还有许多其他因素还有待后续研究的持续考察。

三 结论

俄罗斯与塔吉克斯坦不同阶段的双边关系体现出不对称性特点，本文从军事、经济、移民三个领域对不对称性进行了验证，得出结论，俄塔不对称性关系具有结构性、系统性特点。后疫情时代，虽双方均受疫情波及，产生发展危机，但俄塔互动不对称性不会有明显改观，俄在对塔"家长式"作风背景下，俄塔互动结构总体不会改变。

---

① "Пауза парламентских контактов России и Таджикистана закончилась", *Народная газета*. 12 марта 2014.

② Бабаев Анвар. "Миграционная ситуация в Таджикистане: проблемы и пути решения. Миграционная ситуация в Таджикистане: проблемы и пути решения", https://cabar.asia/ru/anvar-babaev-migratsionnaya-situatsiya-v-tadzhikistane-problemy-i-puti-resheniya, 访问时间：2020 年 8 月 7 日。

【非传统安全】

域外国家对中亚跨界水资源问题的介入及影响

高婉妮　朱源[**]

摘要：中亚地区由于水资源的相对匮乏，在跨界水资源分配、利用与保护上存在种种矛盾，深刻影响了区域内国家间关系的发展。美、德、印、日等域外国家基于自身的能源和政治利益考量，通过技术支持、资金支持等多种方式介入中亚跨界水资源问题。这些举措虽然在一定程度上提升了中亚国家的水资源综合管理能力，但更多有利于其实现自身能源利益。而且，通过扩大自身在中亚一些敏感和关键问题上的参与，它们也试图遏制中俄两国在该地区的影响力，并进而影响中国新疆地区的稳定与发展，实现更大的战略目标。

关键词：跨界水资源；域外国家；能源利益；中亚地区

跨界水资源问题聚合了水资源短缺、分配不合理、保护和利用不当等问题，是影响中亚地区安全与稳定的重要因素。目前国内外学界对跨界水资源问题，尤其是中亚跨界水资源问题予以相当程度的关注。

---

[*] 本文系国家社会科学基金青年项目："我国西北跨界河流争端：历史、现状与管控研究"（项目号17CGJ019）的阶段性研究成果。
[**] 高婉妮，兰州大学国际文化交流学院、中亚研究所副教授，主要研究国际关系中的权威与等级、跨界水资源争端等；朱源，兰州大学政治与国际关系学院2021级硕士研究生，主要研究跨界水资源争端。

莱拉·扎基洛娃（Leila Zakhirova）主要通过数据分析的方式研究中亚国家为何在跨界水资源问题上未能形成互补的"地区子系统"，而是在相关问题上矛盾冲突不断。[①] 李立凡、陈佳骏则将中亚跨界水资源问题划分为水资源配额矛盾、上下游国家水资源利用方式矛盾以及边境冲突引发的矛盾三种。[②]

中亚水资源问题不仅在本地区内影响巨大，还引起一些地区外国家的介入和关注。关于域外国家对中亚跨界水资源问题介入的研究，涉及美国的成果较为丰富。赵玉明从水资源管理、资金支持与技术支持三个方面介绍了美国介入中亚跨界水资源问题的方式，并对其进行了简要评价。[③] 于宏源与李坤海则将美国的全球水资源战略总结为霸权引导型，并在此基础上提出美国将阿姆河流域作为其在中亚地区推行水外交的重点。[④] 李志斐则指出中亚地区是美国全球水外交的重点区域之一，并由此讨论了美国在中亚地区实施水外交对于其实现在阿富汗的战略目标及自身能源安全的作用。[⑤] 需要注意的是，专门研究美国对中亚地区跨界水资源介入方式的文章相对不足，且缺乏在方式与影响上和其他国家的比较。

在梳理欧盟对中亚水资源问题的介入时，笔者发现德国在其中发挥着积极引导作用，一些学者在研究欧盟对中亚跨界水资源问题介入的过程中也会重点介绍德国在其中扮演的主导性角色。例如，鞠豪、邢伟等学者在各自的文章中就指出德国在推动欧盟中亚战略

[①] Leila Zakhirova, "The International Politics of Water Security in Central Asia", *Europe – Asia Studies*, Vol. 65, No. 10, 2013, pp. 1994-2013.

[②] 李立凡、陈佳骏：《中亚跨境水资源：发展困境与治理挑战》，《国际政治研究》2018年第3期。

[③] 赵玉明：《中亚地区水资源问题：美国的认知、介入与评价》，《俄罗斯东欧中亚研究》2017年第3期。

[④] 于宏源、李坤海：《地缘性介入与制度性嵌构：美国亚太区域水安全外交战略》，《国际安全研究》2020年第5期。

[⑤] 李志斐：《美国的全球水资源外交战略探析》，《国际政治研究》2018年第3期。

制定中的重要作用，并指出其在欧盟对中亚水外交中占主要地位。①而具体到德国本身的研究，则主要是对该国水资源技术与管理优势的分析。这为我们研究德国对中亚跨界水资源问题的技术支持提供了分析思路。

目前已有文献中，对印度、日本介入中亚水资源问题的介绍比较少见。虽然印度、日本与中亚国家在跨界水资源领域的合作相比于美国、德国而言有所不足，但近些年它们对中亚事务的关注度不断上升。跨界水资源问题作为该地区内比较敏感且必须解决的一个问题，极有可能会成为其利用的抓手，以扩大自身在该地区的存在感和影响力，因此不容我们忽视。

综合分析上述文献，我们可以发现，对域外国家的研究中，涉及美、德的较多，涉及日、印等其他国家的较少；对不同域外国家的比较几乎没有。而研究不同域外国家（特别是大国或与我国干系重大的国家）对中亚地区事务的关注，尤其是研究它们介入中亚地区跨界水资源问题的方式及影响，不仅能够推动我们对域外国家介入该地区跨界水资源事务的比较，从宏观上掌握域外势力对中亚事务的立场与政策，也能从侧面了解它们对我国西北跨界河流问题的态度与可能采取的立场，更好地防范这些域外国家借跨界水资源问题向我国发难，影响我国新疆地区的稳定与发展。这是本文写作的意义。

一 中亚地区的跨界水资源问题

（一）中亚的跨界水资源状况

中亚地处欧亚大陆的腹地，不但地域辽阔，而且地形起伏大，沙漠、半沙漠以及干旱的草原占70%以上的土地，导致各国水资源存量

---

① 鞠豪：《欧盟的中亚战略解析：规范与利益》，《俄罗斯东欧中亚研究》2020年第6期；邢伟：《欧盟水外交：以中亚为例》，《俄罗斯东欧中亚研究》2017年第3期。

空间分布极不均衡。① 从整体来看，该地区属于温带大陆性气候，降水稀少，蒸发量大，降水时空分布极不均匀，呈现出中、南部多，东、西部少，以冬、春季降水为主的现象。② 其降水主要来源于地中海、大西洋和北冰洋3个水汽源地，年平均降水量低于300毫米，高山区可达500毫米以上，平原区普遍低于200毫米。③ 而中亚五国区域内的蒸发量尤其特殊，其1992—2015年年平均蒸发量为276.8毫米，介于190—352毫米之间。吉尔吉斯斯坦、塔吉克斯坦、哈萨克斯坦、乌兹别克斯坦、土库曼斯坦的年平均蒸发量分别为347.3毫米、302.9毫米、297.9毫米、211.0毫米、150.0毫米。而在2015年，中亚地区的总蒸散耗水达到13880亿立方米。其中，哈萨克斯坦占10465.52亿立方米、乌兹别克斯坦占1249.2亿立方米、土库曼斯坦占846.68亿立方米、吉尔吉斯斯坦占791.16亿立方米、塔吉克斯坦占527.44亿立方米。④

本文所研究的中亚地区跨界水资源主要包括流经吉尔吉斯斯坦、塔吉克斯坦、哈萨克斯坦、土库曼斯坦和乌兹别克斯坦五国中任意两个或两个以上国家的水资源，其主体是跨界河流，包括阿姆河、锡尔河、塔拉斯河、泽拉夫尚河、额尔齐斯河等。其中，阿姆河与锡尔河构成的咸海流域是中亚跨界水资源的主要流域，涉及中亚的五个国家。这些跨界河流的水源主要来自于天山、帕米尔山脉和阿尔泰山脉等高亚洲地区的冰雪融水。⑤ 这种高海拔地带"积雪——冰川融水补给型"

---

① 阮宏威、于静洁：《1992—2015年中亚五国土地覆盖与蒸散发变化》，《地理学报》2019年第7期。
② 李如琦、唐冶、阿布力米提江·阿不力克木等：《中亚五国暴雨分布及其环流特征》，《沙漠与绿洲气象》2019年第1期。
③ 阮宏威、于静洁：《1992—2015年中亚五国土地覆盖与蒸散发变化》，《地理学报》2019年第7期。
④ 阮宏威、于静洁：《1992—2015年中亚五国土地覆盖与蒸散发变化》，《地理学报》2019年第7期。
⑤ José Antonio Peña-Ramos, Philipp Bagus and Daria Fursova: "Water Conflicts in Central Asia: Some Recommendations on the Non-Conflictual Use of Water", *Sustainability*, Vol. 13, No. 6, 2021, p. 4.

的水源补给方式,使得中亚地区的水资源受全球气候变化影响明显。[1]但需要注意的是,中亚水资源问题的主要症结在于水资源分配不均,而非水资源的绝对匮乏。[2] 据世界银行的数据统计,中亚地区的水资源属于相对匮乏,其用水量至少是一些工业化国家的两倍。不仅塔吉克斯坦和土库曼斯坦水资源量远高于多数欧洲国家,而且中亚各国的水资源储量均高于联合国环境署确定的人均1000立方米的水资源短缺指标。[3]

总体而言,中亚地表水空间分布极不均衡。就国家间而言,该地区主要水源位于塔吉克斯坦和吉尔吉斯斯坦两国境内,二者拥有的地表水资源分别占中亚五国总地表水量的34.1%和23.5%。而处于下游的乌兹别克斯坦、哈萨克斯坦和土库曼斯坦,三国地表水资源的总和仅占中亚地区地表水资源总和的42.5%。乌兹别克斯坦的人均水资源量仅为702立方米,按联合国的标准(1000m^3/人)划分,属于严重缺水国家;就一国内部分布而言,也极不均衡。比如哈萨克斯坦,尽管其拥有中亚五国最多的水资源,但其中部和南部灌溉区的水资源非常贫乏。

另外,从时间分布上来看,地区内主要的地表水径流大部分来自寒冷季节山区累积的季节性降雪、高山地带冰川和积雪融水,[4] 受季节影响非常大,常常在一年的4至6月迎来融雪洪峰,7至9月迎来冰川融水洪峰,其他时间径流量大大减少。加上受苏联在中亚五国经济布局的影响,该地区水资源空间分布与开发利用空间分布不相适应。

---

[1] 邓铭江、龙爱华、李湘权等:《中亚五国跨界水资源开发利用与合作及其问题分析》,《地球科学进展》2010年第12期。

[2] Global Water Partnership, *Integrated Water Resources Management in Central Asia: The challenges of Managing Large Transboundary Rivers*, Stockholm: Global Water Partnership, 2014, p. 8.

[3] Leila Zakhirova, "The International Politics of Water Security in Central Asia", *Europe – Asia Studies*, Vol. 65, No. 10, 2013, p. 1997.

[4] 邓铭江、龙爱华、李湘权等:《中亚五国跨界水资源开发利用与合作及其问题分析》,《地球科学进展》2010年第12期。

这些无疑成为中亚地区因水资源问题不断引发争端的助燃剂。

表1　　　　　　　　　　中亚部分跨界河流信息

河流	主要流经国家	河流长度（km）	流域面积（km²）	年平均径流量（亿 m³）
阿姆河	阿富汗、塔吉克斯坦、乌兹别克斯坦、土库曼斯坦	2540	465000—612000	793
锡尔河	乌兹别克斯坦、塔吉克斯坦、哈萨克斯坦、吉尔吉斯斯坦	2212—3019	782617	372
额尔齐斯河	中国、哈萨克斯坦、俄罗斯	4248	1643000	108
塔拉斯河	吉尔吉斯斯坦、哈萨克斯坦	661	52700	15
泽拉夫尚河	塔吉克斯坦、乌兹别克斯坦	877	143000	53

资料来源：United Nations Economic Commission for Europe, "Transboundary Water Cooperation in the Newly Independent States"，转引自姚海娇、周宏飞《中亚地区跨界水资源问题研究综述》，《资源科学》2014年第6期；Oishimaya Sen Nag, "The Syr Darya River", https://www.worldatlas.com/articles/where-does-the-syr-darya-river-flow.html，访问时间：2021年8月21日；United Nations Environment Programme, *Environment and Security in the Amu Darya basin*, Nairobi: United Nations Environment Programme, 2011, p.14; Kai Wegerich, "Water Resources in Central Asia: Regional Stability or Patchy Make-up", *Central Asian Survey*, Vol.30, No.2, 2011, p.278; Kazhydromet, *Draught Management and Mitigation Assessment for Kazakhstan, Phase Two: Regional Vulnerability and Capacity Assessment Survey*, Almaty: Kazhydromet, 2006, p.196, quoted from Davide Fugazza, Thomas E. Shaw, Shamshagul Mashtayeva and Benjamin Brock, "Inter-annul Variability in Snow Cover Depletion Patterns and Atmospheric Circulation Indices in the Upper Irtysh Basin, Central Asia", *Hydrological Processes*, Vol.34, No.18, 2020, p.3739; "Fisheries in the Zerafshan River Basin (Uzbekistan)", http://www.fao.org/3/v9529e/v9529e06.htm，访问时间：2021年9月16日。

（二）中亚地区跨界水资源问题及其重要性

在联合国统计数据中，中亚地区水资源总量并不属于极端短缺行列，但是由于空间分布不均衡、前苏联经济布局对地区内水资源分配与利用的历史影响，以及各国在水资源利用、分配与保护的立场、利益等方面的差异，引发了相对广泛的冲突，影响区域安全与稳定。①

水资源的利用与分配问题是中亚跨界水资源问题的首要问题。作为中亚地区的两条主要河流，阿姆河与锡尔河的水流量主要集中于河流上游的塔吉克斯坦与吉尔吉斯斯坦境内，并为其所掌控。在利用方式上，上述两国由于自身能源资源匮乏，从而更加重视水力发电的作用，将水资源利用与本国能源安全密切联系。尤其是吉尔吉斯斯坦，其电力供应的90%来源于水力发电。② 与此同时，处于下游的哈萨克斯坦、土库曼斯坦和乌兹别克斯坦三国，虽然棉产业发达但缺乏蓄水设施，难以有效储水。而作为中亚各国经济支柱的棉产业对水资源的消耗异常显著。苏联统治时期，苏联中央政府构建起统一的水资源管理体系，并建立高度一体化的灌溉网络系统，实现了上下游国家在灌溉水源与能源供给上的相互保障，从而有效缓解了双方在水资源利用上的矛盾。苏联解体后，理论上，各国由于水资源与能源资源的互补性以及历史、文化上的相似性，应当更加倾向于在跨界水资源问题上进行相互合作。然而，由于统一的管理体制的瓦解，各国经济恢复与发展的需要，上下游国家围绕水资源分配与利用方式间的矛盾日益显著。

其次，便是水资源保护问题。苏联统治时期，粗犷式的农业发展与频繁的核试验对区域内水资源造成了严重污染。③ 中亚各国独立后，受制于本国经济投入，各国水资源保护意识与能动性相对较低。生产、生活污染物对跨界水资源影响严重，直接威胁到周边地区生态环境，造成严重的生态危机。与此同时，中亚国家经济发展水平相对落后，

---

① 联合国环境署将衡量一个国家或地区水资源稀缺程度的标准定为：国家或区域内每年人均水资源量低于 1000 立方米时，属于"水资源短缺"；介于 1000 至 1700 立方米时，属于"水资源有压力"；介于 1700 至 2500 立方米时，属于"水资源脆弱"。
② 朱永彪、沈晓晨、付颖昕：《中亚水资源与国家关系》，兰州大学出版社 2016 年版，第 159 页。
③ 姚海娇、周宏飞：《中亚地区跨界水资源问题研究综述》，《资源科学》2014 年第 6 期。

科学技术水平受到相应限制,水资源管理与保护能力相对薄弱,再加上各国间缺乏广泛而持久的跨界水资源管理机制造成各国难以有效作为,任由生态危机发展。

在此基础上,跨界水资源问题又对中亚地区的安全、经济等领域产生了影响。跨界水资源分配问题直接影响到国家之间的矛盾与冲突。苏联解体伊始,中亚各国虽然坚持了苏联时期形成的水资源分配方案,但是在上游国家保证下游国家水资源供应的同时,下游国家更加愿意将能源出售而非补偿给上游国家。上游国家因此对本国的能源安全问题忧虑重重,导致双方日趋难以接受原有的分配方案。各国还为中亚跨界水资源问题发生过武力冲突。土库曼斯坦与乌兹别克斯坦两国就曾为争夺阿姆河上的重要水利设施爆发过边境冲突。[①]而跨界水资源与棉产业的密切联系,又直接影响到各国的经济发展,经济发展的相对落后又进一步为中亚地区的冲突和恐怖主义活动提供了土壤。

二 域外国家对中亚跨界水资源问题的介入

中亚地区的水资源问题在国际上受到了广泛关注,包括俄罗斯、中国、美国、欧盟、印度、日本等。由于俄罗斯和中国与中亚国家地理上相邻,且均有跨界水资源牵连,故而本文所涉及的域外国家将二者排除在外,仅指在国土上与中亚五国没有直接关联的其他国家,如美国、德国、印度和日本等。这些域外国家由于自身在中亚事务上的利益诉求不同,且受到本国经济、科技等实力的限制,其介入程度各有不同,采取的方式也有所不一。

---

① 邓铭江、龙爱华、李湘权、章毅、雷雨:《中亚五国跨界水资源开发利用与合作及其问题分析》,《地球科学进展》2010年第12期。

(一) 美国对中亚与中国新疆跨界水资源问题的介入

"9·11事件"爆发后,美国基于全球反恐的需要,逐步增强对中亚地区的关注,并将跨界河流问题作为介入中亚地区事务的重要凭借。总体而言,美国在中亚地区的合作以双边为主、多边为辅,与中亚国家的水资源合作亦遵循这一规律。①

需要注意的是,此前美国对中亚跨界水资源问题的介入乃至于对中亚事务介入的核心多数出于对阿富汗问题的考虑。美国政府不仅将阿富汗作为促进中亚地区民主化改造与反恐的重中之重,同时也希望中亚国家更多地参与到阿富汗的战后重建之中。②

1. 直接的双边合作

2001年,美国国务院建立了跨部门水资源工作组,作为讨论和协调自身全球水战略的主要机构。③ 但实际上,国际开发署才是美国在中亚推行水外交的主要领导机构。美国国际开发署的主要工作是协助跨界水资源沿线国家间的合作并增强当地政府对水资源的管理。④ 早在1998至1999年间,国际开发署中亚代表团为加强1998年《锡尔达里协定》(Syrdarya Agreement)的实施,就向中亚地区提供了多项技术援助。⑤ 2015年,国际开发署又推出了新的中亚区域发展合作战略

---

① 陈亚洲、曾向红:《特朗普政府的中亚政策:继承与调整》,《国际问题研究》2018年第4期。
② 再米娜·伊力哈木:《"9·11"后美国国际开发署对吉尔吉斯斯坦援助评析》,硕士学位论文,新疆大学,2015年,第7页。
③ United States Agency for International Development, "Water in the U. S. Government", https://2009 – 2017. state. gov/e/oes/water/government/index. htm,访问时间:2021年8月10日。
④ United States Agency for International Development, "USAID/Central Asia Environment and Water", https://www. usaid. gov/central – asia – regional/fact – sheets/usaidcentral – asia – environment – and – water – fact – sheet,访问时间:2021年9月8日。
⑤ Study Team on Intra – Regional Cooperation on Water Resources and Electric Power in Central Asia, *Study on Intra – Regional Cooperation on Water and Power for Efficient Management in Central Asia*, Tokyo: Japan International Agency, 2009, pp. 2 – 42.

(Regional Development Cooperation Strategy for Central Asia),重点关注区域与国家层面的能源安全和水资源管理问题。①

在直接的双边合作中,国际开发署领导了两个主要项目,分别是智慧水项目(Smart Water Project)和"强化研究参与伙伴关系"项目。② 其中,前者由中亚区域环境中心实施,从属于 C5 + 1 机制。该项目的目标主要是推动中亚地区水资源管理机构的合作,促进水资源综合管理(IWRM)原则的运用等,从而推动中亚各国持续、公平地共享水资源。③ 在实施层面上,该项目曾经推动在塔吉克斯坦与吉尔吉斯斯坦边境建立小流域委员会(SBC)。这些委员会一度共同制定了跨界联合行动计划,促进跨界水资源流域的可持续发展。④ 后者则是中亚水资源合作的智力支持,其在中亚地区的目标是为中亚与阿富汗跨界水资源问题提供地区研讨会与研究成果,预计耗资 150 万美元。⑤ 2016 年,哈萨克斯坦国际拯救咸海基金(IFAS)执行委员会副主任阿米尔汗·肯西莫夫(AmirhAn Kenshimov)在阿拉木图举行的研讨会中指出,哈萨克斯坦水资源管理专家的培养与市场需求之间存在着明显的差距,此举被部分学者解读为国际开发署相关项目的实施确实符合

---

① Anna Y. Gussarova, "US Policy in Central Asia: Water – Energy Nexus Priorities", in: Sergej S. Zhiltsov et al., eds, *Water Resources in Central Asia: International Context*, Switzerland: Springer International Publishing, 2018, pp. 121 – 122.

② United States Agency for International Development, "Smart Waters", https://www.usaid.gov/central – asia – regional/fact – sheets/smart – waters,访问时间:2021 年 8 月 10 日。

③ United States Agency for International Development, "Smart Waters", https://www.usaid.gov/central – asia – regional/fact – sheets/smart – waters,访问时间:2021 年 8 月 10 日。

④ United States Agency for International Development, "U. S. Government Fosters Transboundary Water Cooperation between Tajikistan and Kyrgyzstan", https://www.usaid.gov/tajikistan/press – releases/aug – 7 – 2020 – u – s – government – fosters – transboundary – water – cooperation,访问时间:2021 年 8 月 15 日。

⑤ Anna Y. Gussarova, "US Policy in Central Asia: Water – Energy Nexus Priorities", in: Sergej S. Zhiltsov et al., eds, *Water Resources in Central Asia: International Context*, Switzerland: Springer International Publishing, 2018, pp. 127 – 131.

中亚各国需求。①

除上述两项水资源项目外，国际开发署又于2021年宣布启动新的"区域水资源与脆弱环境行动"项目（Regional Water and Vulnerable Environment Activity），希冀进一步协调锡尔河与阿姆河流域各国的水资源管理与合作。② 此外，在双边合作的具体实施层面，美国还积极向中亚各国提供技术、资金支持。例如，美国政府参与了塔吉克斯坦水电南输线路的工作，并于2010年向吉尔吉斯斯坦提供包括净化水质的设备在内的价值60万美元的援助，以应对奥什州民族冲突的影响。③

2. 与其他国际组织的多边合作

美国国际开发署还与其他域外国家、国际组织协作，共同建立合作项目来推动中亚跨界水资源合作。1998年，美国与世界银行共同促进中亚地区签署基本框架协议，并形成新的能源交换补偿机制，但未能持续运行。④ 此后，美国国际开发署作为合作伙伴，积极支持世界银行建立的中亚能源和水资源开发计划（CAEWDP），以期建立能源安全、水安全、能源与水的联系三大支柱来推动中亚国家有效面对现实挑战。⑤ 后期，该项目又逐步将领域拓展到技术援助和投资鉴定等方面。美国政府还先后与世界银行合作，推动塔吉克斯坦与吉尔吉斯

---

① United States Agency for International Development, *Smart Water Project*, Washington D. C.: Unitede State Agency for International Development, 2016, pp. 1 – 3.

② United States Agency for International Development, "USAID Launches a New Program to Strengthen Regional Water Cooperation in Central Asia", https://tj.usembassy.gov/usaid-launches-a-new-program-to-strengthen-regional-water-cooperation-in-central-asia/，访问时间：2021年8月4日。

③ 焦一强、刘一凡：《中亚水资源问题：症结、影响与前景》，《新疆社会科学》2013年第1期；赵玉明：《中亚水资源问题：美国的认知、介入与评价》，《俄罗斯东欧中亚研究》2017年第3期。

④ 焦一强、刘一凡：《中亚水资源问题：症结、影响与前景》，《新疆社会科学》2013年第1期。

⑤ The World Bank, "Central Asia Energy – Water Development Program", https://www.worldbank.org/en/region/eca/brief/caewdp，访问时间：2021年8月10日。

斯坦参与中亚—南亚地区水力发电项目（Central Asia South Asia – 1000），发起"中亚能源和水发展项目"（Central Asia Energy – Water Development Program），推动"水资源综合管理"（IWRM）模式构建。①

2016年9月，美国国际开发署协同联合国环境规划署、欧盟等共同举办了第七届促进中亚环境可持续发展领导力项目，推动中亚和阿富汗青年与新一代区域领导人的环境治理能力提升。

（二）德国对中亚跨界水资源问题的重视

由于德国自身在水资源管理与技术运用方面的优势，介入中亚跨界水资源问题成为其利益实现的重要平台。受到德国与中亚国家高层频繁互动的影响，德国重视水资源技术合作的同时，更加重视双边高级别会谈的战略作用。

在战略设计层面，德国先后多次召开高级别会谈，为水资源合作提供总体规划。2008年，德国联邦外交部在柏林水资源联合会议上发起被称为"柏林进程"的"中亚水资源倡议"（Central Asian Water Initiative），决定每年投入约500万欧元加强中亚地区水务部门的合作。同时德国还建立"中亚水资源"项目（Central Asian Water, CAWa），作为柏林进程的具体实施项目。仅在2008年至2012年间，德国就为柏林进程提供超过1500万欧元的资金支持。② 此外，德国还建立了"德国水资源合作"（Germany water partnership）网络并先后举办"水、能源和粮食安全关系——绿色经济解决方案"（The Water, Energy and

---

① 赵玉明：《中亚水资源问题：美国的认知、介入与评价》，《俄罗斯东欧中亚研究》2017年第3期；于宏源、李坤海：《地缘性介入与制度性嵌构：美国亚太区域水安全外交战略》，《国际安全研究》2020年第5期。

② Federal Foreign Office, "Speech by Foreign Minister Guido Weaterwelle at the Conference 'Water Diplomacy in Central Asia' at the Federal Foreign Office", https://www.auswaertiges – amt.de/en/newsroom/news/120307 – bm – wasser/249182，访问时间：2021年8月10日。

Food Security Nexus – Solutions for a Green Economy）会议、"中亚水资源与睦邻友好会议"（The Conference on Water and Good Neighbourly Relations in Central Asia）等商讨中亚水资源问题，寻求解决方案。①

2020年，德国在此前的基础上，发起广泛涉及中亚国家与阿富汗之间气候、安全等问题的绿色中亚倡议（Green Central Asia' Initiative）。德国希冀以此在中亚国家与阿富汗之间创建更直接的信息获取渠道，推动中亚五国与阿富汗之间的区域一体化。② 同时，在该倡议下，德国启动"中亚水资源——绿色计划"（CAWa – Green project）作为原柏林进程中的"中亚水资源"项目的后续项目。③

在实践领域，德国重视对中亚国家的技术支持。中亚国家独立以后，区域内部的水文气象监测网络由于缺乏财政支持而缺乏维护，导致逐步退化乃至于最终被废弃，直接影响中亚国家水资源管理能力的发挥。对此，德国国际合作机构（GIZ）、亥姆霍兹德国地理研究中心（GFZ）和德国——哈萨克大学等研究机构作为"柏林进程"的实施机构，为中亚国家提供包括水库水位监测、季节性降水和径流预测算法等在内的先进技术支持，提升中亚国家的水文气象监测能力。④ 而在2020年新启动的中亚水资源绿色计划下，德国向中亚国家提供了更

---

① Central Asian Water, "Welcome to the CAWa – Green Project", https：//www.cawa – project.net/welcome – to – the – cawa – green – project/，访问时间：2021年8月4日。

② Federal Foreign Office, "Launch of Green Central Asia：Regional Cooperation to Tackle the Impact of Climate Change", https：//www.auswaertiges – amt.de/en/aussenpolitik/themen/klima/conference – green – central – asia/2296630，访问时间：2021年8月4日。

③ Central Asian Water, "Welcome to the CAWa – Green Project", https：//www.cawa – project.net/welcome – to – the – cawa – green – project/，访问时间：2021年8月4日。

④ German Research Center for Geosciences, "Regional Research Network 'Water in Central Asia' (CAWs)", https：//www.gfz – potsdam.de/en/section/hydrology/projects/cawa – regional – research – network – water – in – central – asia/，访问时间：2021年8月3日；Federal Foreign Office, "Speech by Foreign Minister Guido Westerwelle at the conference 'Water Diplomacy in Central Asia' at the Federal Foreign Office", https：//www.auswaertiges – amt.de/en/newsroom/news/120307 – bm – wasser/249182，访问时间：2021年8月5日。

多、更加透明的中亚水资源数据。① 此外，德国还积极提倡、协助中亚国家创建水资源数据库，并推动中亚各国的信息共享，提议建立有效的水资源管理结构并提供水资源培训。从 2014 年起，德国—哈萨克大学开始在"柏林进程"框架下举办中亚水资源暑期学校，为来自中亚五国的政府官员与年轻学者提供包括水土资源监测能力在内的技术培训。②

由此可见，在中亚跨界水资源问题上，德国由于自身水资源管理与技术优势，并凭借自身对高层互访的重视，更加强调对中亚各国的技术支持以及通过国际会议协调各方矛盾。

（三）印度对中亚跨界水资源问题的参与

印度虽然重视介入中亚事务以平衡巴基斯坦在该地区的影响力，但受制于自身管理、技术水平，以及经济发展水平，其对中亚跨界水资源的参与并不显著。就印度自身而言，与巴基斯坦之间存在着跨界水资源争端，且国内同时还存在着水源短缺、河流水源污染严重的问题。因此，相比于中、俄、美、德等国对中亚水资源的介入而言，其所能参与的范围相当有限。

印度对中亚跨界水资源问题的参与主要表现在双边合作领域的水电站建设，以及多边领域中在上海合作组织框架下的参与两个方面。在双边合作领域，印度积极参与塔吉克斯坦境内水电站的现代化建设工程。此外，印度还积极援助阿富汗建造大坝。早在 1976 年，印度政府就开始协助阿富汗，在其与土库曼斯坦间的哈里河上建造萨尔马大坝（又称阿富汗—印度友谊大坝，AIFD），后由于苏联入侵阿富汗而一度中断。2006 年，印度承诺出资 2.75 亿美元支持该项目完成。2021

---

① Central Asian Water："Welcome to the CAWa - Green Project"，https://www.cawa-project.net/welcome-to-the-cawa-green-project/，访问时间：2021 年 8 月 4 日。

② Green Asian Water："CAWa Summer School at German - Kazakh University in Almaty"，https://www.cawa-project.net/news-detail/news/cawa-summer-school-at-german-kazakh-university-in-almaty/，访问时间：2021 年 8 月 5 日。

年，印度又与阿富汗签署了在喀布尔河上建造沙图特大坝的谅解协议，并表示将向阿富汗提供 2.36 亿美元的资金，以期为喀布尔居民提供饮用水和灌溉用水。①

在多边合作领域，在 2007 年的上海合作组织理事会会议上通过了《比什凯克宣言》，宣言指出合理发展和有效管理水资源是当前重要而迫切的任务。印度作为上合组织成员国之一，应与其他各成员国一道承诺将在环境退化和可持续发展上进行合作。②

（四）日本对中亚跨界水资源问题的关注

日本政府虽然日益重视中亚地区，但是其对中亚地区水资源问题的关注主要集中于社区供水问题，对跨界水问题的关注则相对有限，主要手段为技术支持与资金支持。2006 年，在第二次"中亚+日本"外长会议中，日本政府与中亚五国将水资源问题列为"有助于区域内合作的主题目标之一"。

在技术支持方面，日本曾于 2004 至 2005 年两次邀请中亚国家专家进行水质监测培训。2007 年，日本政府在第二届"中亚+日本"学者对话会中进一步表示可以为中亚国家提供水资源管理与节水等方面的技术援助。③ 会后日本国际协助机构协同日本政府内诸多部门开展了两次科学考察，形成对中亚水资源和电力问题的基本认知，并提出技术援助的相关建议。④ 在民间合作领域，2020 年，日本政府批准了

---

① Shadi Khan Saif, "India Pledges ＄236M for Building Dam in Afghanistan", https：//www.aa. com. tr/en/asia‐pacific/india‐pledges‐236m‐for‐building‐dam‐in‐afghanistan/2138870，访问时间：2021 年 8 月 9 日。
② 新华网：《上海合作组织成员国元首理事会比什凯克宣言（全文）》，http：//www. xinhuanet. com/world/2019‐06/15/c_ 1124625929. htm，访问时间：2021 年 8 月 10 日。
③ Ministry of Foreign Affairs of Japan, "Central Asia plus Japan：Action Plan", https：//www.mofa. go. jp/region/europe/dialogue/action0606. html，访问时间：2021 年 8 月 10 日。
④ Study Team on Intra‐Regional Cooperation on Water Resources and Electric Power in Central Asia：*Study on Intra‐Regional Cooperation on Water and Power foe Efficient Management in Central Asia*, Tokyo：Japan International Agency, 2009, p. 1‐1.

由日本民间科学家在乌兹别克斯坦创新发展部协助下提交的中亚项目。该项目旨在通过开发监测和控制水资源利用的新技术，以缓解咸海地区的盐渍化问题，保障中亚地区的粮食安全。①

在资金支持方面，日本政府主要通过日本社会发展基金（JSDF）等支持世界银行向中亚国家跨界水资源项目提供资金支持。2001年，在伊希姆河洪水影响哈萨克斯坦阿斯塔纳市安全的情况下，日本决定向"阿斯塔纳上水道整顿计划"提供贷款支持，以协助其应对洪水威胁。②而据2018年亚洲发展银行的技术报告，日本减贫基金（Japan Fund for Poverty Reduction）共向阿斯塔纳水资源综合管理计划（Astana Integrated Water Master Plan）提供约120万美元的资助，由亚洲发展银行代为管理。③此外，日本政府还通过世界银行预留的日本特别基金政策和人力资源开发基金为锡尔河三角洲控制和北咸海保护项目提供财政捐助。

三 域外国家介入中亚跨界水资源问题的影响

美、德、印、日等域外国家对中亚跨界水资源问题的介入和关注，不仅有利于实现自身的多种利益诉求，同时也对当地的政治、安全产生了深刻影响。

（一）对于域外国家本身的影响

对于美、德、印、日等域外国家而言，介入中亚地区的跨界水

---

① The International Innovation Center for the Aral Sea Basin under the President of the republic of Uzbekistan, "For the First Time a Project on Central Asia has been Approved at the Government Level in Japan", https://iic-aralsea.org/? p=1554, 访问时间：2021年8月3日。
② 浦佳佳：《日本对中亚国家的政府开发援助》，《国际研究参考》2017年第3期。
③ Asian Development Bank, *Republic of Kazakhstan: Astana Integrated Water Master Plan (Financed by the Japan Fund for Poverty Reduction)*, Mandaluyong: Asian Development Bank, 2018, pp. 8-9.

资源问题不仅能够实现自身能源利益,也有助于实现其政治目标。其中各国的能源利益主要表现为利用中亚地区能源实现自身能源多样化,保障能源安全;政治目标则突出表现在削弱部分竞争国家的影响力上。

1. 实现自身的能源利益

美、德、印、日四国介入中亚地区均考虑到中亚地区丰富的能源以及潜在的市场对于自身能源安全及经济发展的重要地位。根据美国能源局的数据,中亚地区已经探明的天然气储量为232万亿立方英尺,总量与沙特阿拉伯相当;石油储量在170亿—490亿桶之间。[1] 其中,哈萨克斯坦天然气储量为100万亿立方英尺;土库曼斯坦天然气储量为100万亿立方英尺,乌兹别克斯坦已探明天然气储量为65万亿立方英尺。[2] 中亚地区丰富的能源储量由此可见一斑。

美国的能源目标在于维护盟友的能源供应,同时向阿富汗供应能源,推动其战后重建。尤其是自其从阿富汗撤军以来,如何维持在中亚、南亚地区的影响力是关系到自身发展的重要问题。在美国政府看来,俄罗斯对天然气的把控能力严重威胁到西方世界的安全,尤其是乌克兰危机后俄罗斯切断部分国家能源供应的行为更加坚定其这一看法。作为美国的重要盟友,德国、日本自身的能源供应也存在严重问题。以前者为代表的欧洲国家的能源供应受到俄罗斯的影响,后者则受制于自身的自然条件,能源资源匮乏,如能获得中亚地区丰富的石油和天然气资源,就可在一定程度上实现本国能源进口渠道的多元化。对于印度而言,中亚地区除了能源资源丰富以外,同时也是印度对外贸易的重要对象。虽然在经济上,印度与中亚地区的贸易额仅有20亿

---

[1] Congressional Research Services, *Central Asia's Security: Issues and Implications for U. S. Interests*, Washington D. C.: Congressional Research Services, 2010, p.21.
[2] Congressional Research Services, *Central Asia's Security: Issues and Implications for U. S. Interests*, Washington D. C.: Congressional Research Services, 2010, p.21.

美元,远远少于中美等国,[①] 但是作为后来者,伴随着印度将注意力逐步转向该地区,双方包括能源贸易在内的经贸往来依旧具有发展空间。

因此,中亚地区丰富的能源资源与经贸市场无疑是各国介入中亚事务的重要动因。而介入中亚水资源问题,促进各国在水资源问题上的合作,对于推动中亚国家与域外国家关系的发展,实现自身的战略利益具有重要意义。

2. 削弱相关国家在中亚的影响力

在政治利益方面,削弱其他相关国家在中亚地区的影响力是上述域外各国介入中亚水资源问题的重要目标。遏制中俄影响力是美国政府的首要目标。中亚地区作为欧亚大陆的心脏地带,在地理上与中俄两国毗邻,且长期被俄罗斯视为国土安全的重要地理屏障。2017年,美国政府在《国家安全战略报告》中指出,防止其他大国控制这一地区是美国在中亚的重要目标。[②] 因此美国政府积极推进中亚"民主化"进程,并将其纳入北约"和平伙伴关系计划"之中。目的是在强化美国与中亚地区关系的同时,动摇中俄两国在中亚地区的地位,削弱中俄影响力,并进而在地理上对中俄形成包围,巩固美国的霸权地位。德国作为欧盟的重要成员国,虽然自身的利益考量多于价值观考量,但是受欧洲共同外交与安全政策以及美国领导的北约的影响,其在一定程度上也是欧盟价值观外交的参与方。而欧盟价值观外交在强化中亚对自身认同的同时也就潜在蕴含着对中、俄的削弱。

对于日本而言,在美日同盟框架下支持美国在中亚地区与阿富汗的活动,推动美日同盟关系向好发展是一个重要目标。同时,介入中亚地区事务能够为其申请进入联合国安全理事会奠定政治基础,并为遏制中国影响力提供有利条件。从印度视角上来看,向中亚国家水资

---

① Aarti Bansal, "Continuity in India's Ties with Central Asia", https://www.orfonline.org/expert-speak/continuity-india-ties-central-asia/,访问时间:2021年8月4日。
② 李折周、刘存京:《美俄印欧的欧亚地缘战略对"一带一路"建设的影响》,《俄罗斯东欧中亚研究》2020年第1期。

源问题提供资金支持,是削弱巴基斯坦影响力的重要举措。作为印度在南亚地区的主要对手,巴基斯坦将中亚地区视为自身的战略纵深。而巴基斯坦与中国的交好,促使印度认为自身在东西两个方向面临压力。因此,印度将介入中亚地区事务作为削弱巴基斯坦在中亚、南亚地区影响力的必然措施。

(二) 对于中亚国家与中国新疆的影响

域外国家介入中亚地区跨界水资源问题,在向当地提供技术、资金支持的同时,也潜移默化地介入该地区的其他事务,干预国家内政。因此对中亚国家的影响,既有积极的一面,也有消极的一面;而它们对中亚国家与中国新疆之间跨界水资源问题的关注,对我国新疆用水安全、经济稳定与社会发展造成了负面影响。

1. 中亚国家水资源综合管理能力的提升

美德日印四国在技术、资金领域对中亚国家的支持无疑有利于提升中亚国家水资源综合管理能力。中亚国家在苏联解体以后,无法进行水资源的统一调配,同时诸多大型水电项目由于缺乏必要的资金、技术,一度陷入停滞。水资源管理不善又进一步加剧了中亚国家的经济压力,据吉尔吉斯斯坦国家水利水电研究所所长尤申·马马特卡诺夫(Dyushen Mamatkanov)称,由于水资源管理不善,中亚国家每年浪费 20 亿美元。[1]

此外,中亚各国在苏联时期就缺乏可持续发展理念,难以有效进行水资源的保护。而在中亚各国进行水资源合作之时,缺乏水资源信息数据库以及信息通报机制又严重阻碍着各国水资源合作的水平。因此,提升中亚国家水资源综合管理水平是中亚各国面临的严峻挑战。在此种情况下,美德日三国向中亚国家提供先进的水资源综合管理经

---

[1] Leila Zakhirova, "The International Politics of Water Security in Central Asia", *Europe – Asia Studies*, Vol. 65, No. 10, 2013, p. 2008.

验,并提供技术支持的行为有利于更新中亚国家的水资源管理机制,提升技术水平。与此同时,美德日印四国向中亚国家重要水利设施提供资金支持的行为又促使多项水电设施重新投入建设,为提升中亚国家的水资源利用效率提供了条件。

2. 影响中亚地区的矛盾与冲突

出于自身的利益考量,域外各国也在一定程度上调解或加剧了中亚国家的矛盾与冲突。一方面,在中亚地区防止水资源问题所引发的冲突与战争,有利于域外各国实现自身在中亚地区的经贸、能源利益目标,因而推动中亚各国在跨界水资源问题上进行合作在一定程度上符合域外各国的利益。例如,美国参议院对外关系委员会在2011年发布的报告中指出水资源问题是影响中亚和南亚地区局势的重要问题,而美国对中亚地区水资源问题关注的相对匮乏,这对当地稳定与美国对外政策的实行产生不利影响。① 因此,美国不断强化对中亚地区水资源的资金与技术支持,推动各项水资源合作项目运行,强化同中亚各国内部以及同阿富汗的合作,推动各方在阿富汗问题上有所作为。与此同时,包括德、印、日三国在内的域外国家通过举办各类国际会议,搭建对话平台,推动中亚各国在跨界水资源问题上的合作,谋求强化与中亚国家的能源往来,维护本国能源安全。

在中亚地区部分跨界水资源问题上,域外国家的介入却在一定程度上加剧了中亚各国间的矛盾。这突出表现在以罗贡水电站问题为代表的部分水利设施修建问题上。罗贡水电站的修建完成,将有效缓解塔吉克斯坦电力短缺的现象,实现该国的能源独立。但是,水电站的修建却会加剧阿姆河下游乌兹别克斯坦水资源供应不足的状况。对此,美国并未直接介入,而是通过第三方评估的方式消极介入此问题。一

---

① Committee on Foreign Relations, *Avoiding water wars: Water Scarcity and Central Asia's Growing Importance for Stability in Afghanistan and Pakistan*, Washington D. C.: United States Senate Committee on Foreign Relations, 2011, pp. 1 – 2.

方面是由于域外国家难以在涉事双方之间保持平衡，另一方面则是由于水电站修建所造成的两国冲突在政治上能否保持两国间关系的不确定性，为俄罗斯介入中亚事务提供了难题。俄罗斯在该问题上任何可能的外交失利，都可能使其中一方受到冷落，从而转向强化与美国的合作，使美国坐收渔利。对于美国而言，此举能够确保自身不被直接卷入到双边关系的影响中，从而为日后谋求在乌兹别克斯坦或塔吉克斯坦设立海外军事基地提供有利条件。

由此可见，美、德、日、印在中亚地区跨界水资源问题上的态度和所采取的措施，受到自身战略利益考量的极大影响。它们根据本国的利益需求，积极设置议题或消极阻碍进展，缓解或刺激中亚地区水资源冲突的进程。

3. 影响中国新疆的安全与稳定

域外大国介入中亚事务更多是为了谋求能源、经贸利益，实现自身价值观的外交目标，而推动中亚地区跨界水资源的解决也更加契合缓解水资源冲突与水战争爆发可能性的目标。但是，域外国家介入中国新疆水资源问题的考量却迥异于其介入中亚跨界水资源问题的动因。

中国与中亚地区之间存在着漫长的边界线，中国与哈萨克斯坦之间存在 24 条跨界水资源，在主要的河流上存在水资源污染问题与水资源分配等争端。[①] 上海合作组织的建立在一定程度上解决了中国与中

---

① 关于中哈之间的跨界河流数量，众说纷纭。部分学者认为有 23 条，如王俊峰、胡烨：《中哈跨界水资源争端：缘起、进展与中国对策》，《国际论坛》2011 年第 4 期；郝少英：《丝绸之路经济带建设中的中哈跨界河流合作利用面临的难题及对策》，《俄罗斯东欧中亚研究》2017 年第 3 期；也有部分学者认为中哈之间存在 24 条跨界河流，参见：Selina Ho, "Sharing Rivers: China & Kazakhstan", https://www.chinawaterrisk.org/opinions/sharing-rivers-china-kazakhstan/，访问时间：2021 年 8 月 4 日；哈萨克国际通讯社：《中国驻哈萨克斯坦大使：中哈携手共创未来》，https://www.inform.kz/cn/article_a2727004，访问时间：2021 年 8 月 4 日；郑晨骏：《"一带一路"倡议下中哈跨界水资源合作问题》，《太平洋学报》2018 年第 5 期；李兴、耿捷：《"安全化"与"去安全化"：中哈跨界河流合作中的问题与对策》，《国外理论动态》2019 年第 11 期。本文在对比各方说法和咨询新疆维吾尔自治区水利厅专家意见的基础上，认为中哈之间存在 24 条跨界河流。

亚国家以及中亚国家内部的边界冲突，但是非传统安全问题依旧是影响中亚地区与中国新疆的严重问题。而中国与中亚国家之间在相关问题上的合作对于打击三股势力，维护国家安全与稳定具有关键作用。

然而，以美国为代表的部分西方国家却意欲通过跨界水资源问题离间中哈两国关系，对于中国与中亚国家在打击三股势力问题上的合作具有不利影响。在中国新疆问题上，美国试图将跨界河流问题作为其介入中国内政、影响新疆稳定与发展局势的楔子。美国通过利用国际舆论，将中国的合理水资源调配等行为称为"水力霸权"，刻意炒作中国水资源利用对哈萨克斯坦的影响来实现其政治目标。"美国之音"一度宣扬中国在新疆地区的调水工程对哈萨克斯坦存在威胁。①虽然哈萨克斯斯坦外交部长卡西姆佐马尔特·托卡耶夫（Kasymzhomart Tokayev）已经否定了这一论调。② 对于以美国为首的西方国家而言，21世纪以来，金融危机及新冠肺炎危机在某种程度上削弱了西方国家赖以自豪的所谓"民主制度"优势。而中国经济社会的发展，更不断引起尚且处于"冷战思维"中西方社会的担忧。因此，美国政府意欲通过此种方式进一步渲染"中国威胁论"，在干预中国内政的同时，抹黑中国的国家形象，削弱中国在周边国家及国际社会中的信誉及影响力，以此遏制中国发展。

四 结语

跨界水资源问题是影响中亚地区稳定与发展的重要问题，以美、德、印、日为代表的域外国家基于自身的能源、政治利益考量，并依

---

① 李兴、耿捷：《"安全化"与"去安全化"：中哈跨界河流合作中的问题与对策》，《国外理论动态》2019年第11期。
② 张海兴、叶芳芳：《中国开发利用跨界河流的国际法分析》，《西北大学学报》（哲学社会科学版）2015年第5期。

据自身经济实力与科学技术水平,不同程度地介入这一问题。其中,美、德两国由于各自经济实力及水资源管理经验与技术的优势,对该问题的介入相对较深。美国政府主要是在国际开发署下通过相关项目进行直接的双边资金、技术支持,同时与其他国际组织合作,从而提升中亚各国跨界水资源综合管理能力。而德国则更加倾向于利用自身的水资源管理与技术优势,为中亚各国提供智力支持,并通过举办高级别会议协调各国在跨界水资源问题上的矛盾与冲突。日本与印度则由于自身介入中亚地区事务相对较晚或自身水资源管理能力与技术的限制,对中亚跨界水资源问题的参与总体上处于较低水平。其中印度主要在中亚地区水电站建设上提供资金支持,且主要关注阿富汗的跨界水资源问题;日本则以直接的技术援助和间接通过第三方机构向中亚地区部分跨界河流的水利设施提供资金援助。

域外国家对中亚跨界水资源问题的介入对自身和所介入地区均产生深刻影响。一方面,域外国家通过介入中亚跨界水资源争端,能够向中亚国家展现自身积极作为的形象,从而强化与中亚国家的能源、贸易往来,满足自身的能源需求,维护能源安全。同时,美、德、日、印四国在介入中亚跨界水资源问题时,均有自身的政治目标。在跨界水资源问题上的介入也被赋予了遏制中国、俄罗斯、巴基斯坦影响力的目标,对上述三国形成了外在压力;另一方面,域外国家介入中亚地区跨界水资源问题也对中亚地区产生了影响。其在推动中亚国家跨界水资源综合管理能力与技术水平提升的同时,也在一定程度上影响了中亚地区冲突的发展。而对中哈之间水资源问题的介入,则是域外国家试图借助新疆议题影响当地稳定与发展,进而遏制中国整体发展的图谋。

【阿富汗问题】

软实力视野下印度对阿富汗的发展及援助[*]

胡 勇[**]

摘要：2021年8月，阿富汗局势突变，塔利班时隔20年重新掌权。因与阿塔关系不睦，印度的阿富汗政策面临严峻考验，甚至被认为是阿富汗变局中的最大输家。然而，过去20年间印度在阿富汗积累的影响力，并不会随着阿塔重返喀布尔而自动化为乌有。究其原因，印度的软实力不容小觑。随着印度综合国力的不断提升，印度拥有的软实力资源更加丰富，通过行动和政策将资源转化为真正实力的能力也在增强。其中，发展援助是印度软实力战略的一项十分重要但容易被忽视的工具。通过在人道主义援助、基础设施援建、社区发展项目、教育培训等领域提供发展援助，印度成功地拉近了与阿富汗的关系，基本实现了其扩大对阿影响力和营造对印友好氛围的软实力目标。即使阿塔也不得不承认印度对阿发展援助的贡献。与此同时，作为软实力资源大国的印度还不是真正的软实力强国，发展援助在印阿关系中的作用也不宜被夸大。印度能否在"塔利班2.0"时代的阿富汗通过

---

[*] 本文写作得到2019年度上海市哲学社会科学规划一般课题"'一带一路'倡议下的三方发展合作与中美关系研究"（课题批准号：2019BGJ001）和上海对外经贸大学骨干教师海外访学资助计划的支持。富育红、崔文星等学界同仁对本文初稿提出了多处修改意见，在此一并致谢。作者文责自负。

[**] 胡勇，上海对外经贸大学法学院国际关系学系副教授、经济安全研究中心研究员。

发展援助继续巩固和扩大其软实力面临不确定性。

关键词：软实力；发展援助；印度—阿富汗关系

2021年8月，阿富汗局势风云突变，塔利班（以下或简称"阿塔"）时隔20年重返喀布尔。由于长期怀疑乃至敌视阿塔，印度的阿富汗政策面临严峻考验。印度《今日泰伦加纳邦报》甚至断言，印度是阿富汗地区局势参与者中的最大输家。① 然而，这一判断或许言之尚早。自2001年塔利班政权倒台以来，新德里不仅率先与喀布尔签署了《战略伙伴关系协定》，在阿富汗民众中也树立了十分正面的形象，20年来印度在阿富汗积累了相当可观的影响力。② 这一切并不会因为阿塔重新掌权而自动化为乌有。究其原因，"印度的软实力不可小觑"。③

"软实力"（有时又被译为"软力量"或者"软权力"）如今已是学术界耳熟能详乃至老生常谈的一个概念。④ 但正如这一概念的主要发明人小约瑟夫·奈所言，"软实力"同时也是一个似是而非，屡屡遭遇质疑甚至误解的名词。⑤ 随着软实力理论和实践的发展，学者们

---

① 甄翔、胡博峰：《印媒称印度是阿富汗最大输家》，《环球时报》2021年8月31日第2版。

② Aneek Chatterjee, *Neighbours, Major Powers and Indian Foreign Policy*, Telangana: Orient BlackSwan, 2017, pp. 94 – 99.

③ Rani D. Mullen, "India's Soft Power", in David M. Malone, C. Raja Mohan, Srinath Raghavan eds., *The Oxford Handbook of Indian Foreign Policy*, Oxford: Oxford University Press, 2015, p. 188.

④ 国内学界对 soft power 的译法有一定争议。有学者认为"软实力"与"软权力"其实是既有联系又有区别，属于不同范畴的两个概念。从国家文化战略角度来讲，使用"软实力"提法比较合适。从国际政治角度来看，使用"软权力"概念比较合适。参见郭洁敏《软权力新探：理论与实践》，上海社会科学院出版社2013年版，第13页。但也有学者认为自 soft power 这个概念引入中国以来，中国学术界有三种翻译用法迄今并存，并未引发相关学术思想的讨论，因此三种译法"并无实质性差别，主要还是个人使用上的偏好"。参见胡键《软实力研究在中国：一个概念演进史的考察》，《国际观察》2018年第6期。本文主要采用"软实力"这一译法，同时在中文引文及文献中尊重并保留其他作者的译法。

⑤ ［美］约瑟夫·奈：《硬权力与软权力》，门洪华译，北京大学出版社2005年版，第97页。

逐渐认识到无论是无形的文化或价值观,还是有形的经济实力都只是软实力的资源,不能和软实力简单画等号。"拥有软实力资源本身只会产生软实力的潜能,如果要落实为真正的实力,还需要具体的行动和政策。"①

说到印度的软实力,国内外学者现有的研究大多数更倾向于凸显印度的传统文化、民主制度、海外印度人等元素,媒体也津津乐道于瑜伽、宝莱坞(Bollyhood)② 等印度最具标志性的流行符号。③ 然而,随着印度经济的快速崛起和国际地位的不断提升,印度软实力的资源变得更加丰富,通过行动和政策将资源转化为真正实力的能力也在增强。相比有声有色的公共外交和文化外交,以"新发展契约"为主要特点的发展援助是"印度一项容易被人忽略的软实力政策工具"。④ 就印度对阿富汗的援助而言,尽管国内已有多位学者撰文提及发展援助

---

① Patryk Kugiel, *India's Soft Power: A New Foreign Policy Strategy*, London and New York: Routledge, 2017, p. 16.

② 有学者认为相比宝莱坞,"托莱坞"(Tollywood)才是印度的"旗舰软实力"。本文对此不作展开。参见 C. S. H. N. Murthy, "Bollywood Enabling India as a Soft Power? A Critical Overview of Pros and Cons of Post - critical Assumptions", in Naren Chitty, Li Ji, Gary D. Rawnsley and Craig Hayden eds., *The Routledge Handbook of Soft Power*, London and New York: Routledge, 2017, pp. 358 - 367.

③ 相关著述包括但不限于石俊杰:《浅论印度的软实力》,《南亚研究季刊》2008 年第 4 期。时宏远:《软实力与印度的崛起》,《国际问题研究》2009 年第 3 期。罗森:《印度软实力初探——论印度发展软实力的优势与劣势》,《亚非纵横》2011 年第 5 期。[印] 拉贾·莫汉:《莫迪的世界:扩大印度的势力范围》,朱翠萍、杨怡爽译,社会科学文献出版社 2016 年版,第 223 - 252 页。Maya Chadda, *Why India Matters*, Boulder: Lynne Rienner Publishers, 2014. Parama Sinha Palit, *Analysing China's Soft Power Strategy and Comparative Indian Initiatives*, New Delhi: Sage, 2017. Kishan S. Rana, "India and China: Soft Power in an Asian Context", in Naren Chitty, Li Ji, Gary D. Rawnsley and Craig Hayden eds., *The Routledge Handbook of Soft Power*, London and New York: Routledge, 2017. Daya Kishan Thussu, "The Soft Power of Popular Cinema: the Case of India", in Mathilde Chatin and Giulio M. Gallarotti eds., *Emerging Powers in International Politics: the BRICS and Soft Power*, London and New York: Routledge, 2018. Arijit Mazumdar, "India's Soft Power Diplomacy under the Modi Administration: Buddhism, Diaspora and Yoga", *Asian Affairs*, Vol. XLIX, No. Ⅲ, 2018.

④ Rani D. Mullen, Sumit Ganguly, "The Rise of India's Soft Power", http://foreignpolicy.com/2012/05/08/the - rise - of - indias - soft - power/,访问时间:2018 年 6 月 6 日。

与印度软实力之间的关联,但基本上都是点到为止,尚缺乏比较深入的专题研究。①

本文从软实力资源与印度的软实力战略切入,然后阐述作为印度软实力战略重要工具发展援助的基本理念与框架,再通过梳理21世纪初以来印度对阿富汗发展援助的实践,指出印度通过发展援助将其软实力资源转化为真正的实力,进而实现印度在阿富汗的软实力战略目标。本文最后认为,过去20年印度对阿富汗的软实力战略虽然总体上是成功的,但印度还不是软实力强国,发展援助的作用也不宜夸大。印度能否在"塔利班2.0"时代的阿富汗通过发展援助继续巩固和扩大其软实力面临不确定性。

一 软实力资源与印度的软实力战略

为了反驳冷战后期以来盛行的"美国衰弱论",奈在1990年提出了一种可以间接行使的"同化性权力"(co-optive power)的概念②,又名"软实力"③,以区别于同军事和经济力量等有形资源联系在一起的命令式的"硬实力"(hard power)。"软实力"由此开始成为三十多年来国际关系学界经久不衰的话题之一。

在2004年出版的《软实力:世界政治中的成功之道》一书中,奈给"软权力"下了一个简明的定义——"它是一种通过吸引而不是

---

① 相关著述包括但不限于赵国军:《印度对阿富汗的软实力战略》,《现代国际关系》2011年第1期。韩召颖、田光强:《塔利班倒台后印度对阿富汗援助评析》,《现代国际关系》2014年第10期。李吉军:《印度对阿富汗援助的政策考量、主要内容及制约因素》,《南亚研究季刊》2018年第2期。赵春珍、龚伟:《印度对阿富汗的发展援助政策研究》,《新疆社会科学》2018年第3期。戴永红、张婷:《印度南亚援助政策的理念、实践与趋势》,《南亚研究》2019年第3期。施丹辉:《印度对阿富汗援助中的国家利益因素》,《南亚研究》2020年第2期等。
② Joseph S. Nye, Jr., *Bound to Lead: The Changing Nature of American Power*, New York: Basic Books, 1990, p. 31.
③ Joseph S. Nye, Jr., "Soft Power", *Foreign Policy*, No. 80, 1990, pp. 166–167.

威逼或利诱来达到目的的能力"。① 根据奈的理解，一个国家的软实力主要取决于三类资源：文化（在它对其他国家具有吸引力的领域）、政治价值观（当它在国内外都能付诸实践的情况下）以及对外政策（当它被视为合法或者拥有道德权威的时候）。②

尽管奈开创了国际关系领域软实力研究的先河，但他的某些论述也被其他软实力研究者所诟病，这在一定程度上又为软实力概念的发展提供了契机。比如，中国学者胡键曾批评奈对软实力和硬实力从概念上做了简单的"一刀切"处理，从而与国际政治现实产生矛盾。在胡键看来，"一个存在的大国，其软实力的发展必然是以一定的硬实力为基础的；离开了特定国家的硬实力来谈软实力，这样的软实力缺乏客观的载体，是没有意义的"③。胡键还认为软实力资源不等于软实力本身，"决定一国软实力大小的不是资源，而是运用资源的能力，资源要成为实力，还需要有一个转化的过程和国家的转化能力。"④

新加坡学者李明江进一步指出，软实力并不取决于特定实力资源的属性，而是经由对实力的"软性使用"（soft use of power）得以实现。"如果文化、意识形态和价值观可以被用于强制，军事和经济力量也可以被用于吸引，那么如何使用实力资源，而不是辨析它们在性质上到底是软的还是硬的，就成为一种理解软实力的更好方式……如果一个国家在处理与其他国家的关系时，能够以审慎、包容和周到的方式运用其实力资源，并且在向国际社会提供公共产品方面起到领导作用，那么这个国家肯定能够得到其他国家的尊重、友善和积极回应。"⑤

---

① Joseph S. Nye, Jr., *Soft Power: The Means to Success in World Politics*, New York: Public Affairs, 2004, p. x.
② Joseph S. Nye, Jr., *Soft Power: The Means to Success in World Politics*, p. 11.
③ 胡键：《软实力新论：构成、功能和发展规律——兼论中美软实力的比较》，《社会科学》2009年第2期。
④ 胡键：《中国软实力研究》，天津人民出版社2018年版，第2、78页。
⑤ Mingjiang Li, "Introduction: Soft Power: Nurture Not Nature", in Mingjiang Li ed., *Soft Power: China's Emerging Strategy in International Politics*, Lanham: Lexington Books, 2009, p. 7.

在后来出版的《灵巧领导力》(*The Powers to Lead*)、《权力的未来》(*The Future of Power*) 等著述中,奈在吸收同行意见的基础上提出了被有的学者称为"软实力2.0版"的"巧实力"(smart power)概念,指出软硬实力应当有效结合,"领导者利用这种技巧将策略和目标相匹配,根据不断变化的环境制定聪明的战略"。① 由此,如何运用各种实力资源来吸引他国进而达到影响对方偏好的目的,就不再只是一个理论课题,也是一个政策乃至战略问题。

虽然软实力本身不是世界政治中的新现象,但受到软实力理论和实践发展的指引,近年来各国在对外政策和战略中开始不断重视软实力元素。具有大国抱负的印度自然也不例外。著名战略学者拉贾·莫汉(C Raja Mohan)曾经形容印度在软实力领域"握有一手好牌"。② 奈在2015年出版的《美国世纪终结了吗?》(*Is the American Century Over?*)一书中专门讨论了印度的软实力资源,包括稳定的民主体制、充满活力的大众文化、富有影响力的海外印度人社群以及以"宝莱坞"为代表的电影产业等。③ 帕特里克·库吉尔(Patryk Kugiel)认为印度的软实力主要有五大来源,除了一般意义上的文化实力、政治价值观和对外政策,还有印度经济的潜力和海外印度人社群等。④ 拉妮·穆伦(Rani Mullen)则指出,对外政策既可以是软实力资源,也可以是运用软实力的一项工具。⑤

从历史上来看,印度外交中对软实力的运用最早可以追溯到独立之初的尼赫鲁时期。从和平共处五项原则,到万隆精神,再到不结盟

---

① 金筱萍、沈茹毅:《约瑟夫·奈软实力理论的三个发展阶段》,《江西社会科学》2017年第6期。

② Sudha Ramachandran, "India's Soft Power Potential", https://thediplomat.com/2015/05/indias-soft-power-potential, 访问时间:2018年6月5日。

③ Joseph S. Nye, Jr., *Is the American Century Over?*, Malden: Polity Press, 2015, p. 40.

④ Patryk Kugiel, *India's Soft Power: A New Foreign Policy Strategy*, p. 62.

⑤ Rani D. Mullen, "India's Soft Power", in David M. Malone, C. Raja Mohan, Srinath Raghavan eds., *The Oxford Handbook of Indian Foreign Policy*, Oxford: Oxford University Press, 2015, p. 192.

运动,在 20 世纪五六十年代,尽管印度的硬实力不够突出,但由于对政治价值观、对外政策等软实力资源运用得当,极大地提高了印度的国际地位,特别是在第三世界国家中的声望。① 在 20 世纪七八十年代,印度频频粗暴干涉南亚邻国的内政,"被国际社会视为南亚的霸权国家"②。

到了 20 世纪 90 年代,随着冷战的终结和印度改革开放的启动,印度将软实力战略重新提上议事日程。著名的"古吉拉尔主义"(The Gujral Doctrine)宣示印度将在其南亚政策中更加突出非互惠的经济关系和政治不干涉,而不是像过去那样动辄以国家安全和政治干涉为优先考量。③ 但 1998 年震惊世界的核试验"在使印度的硬实力升至巅峰的同时,也使它的软实力跌至谷底。"④ 如何打好手里的"软实力牌"遂成为印度外交的紧迫课题。

21 世纪以来,印度开始更加有意识地将软实力要素与对外战略相结合。印度前外交国务部长沙西·塔鲁尔(Shashi Tharoor)曾表示,"如果 21 世纪的印度有什么特质值得引起全世界瞩目,它不是经济,不是军事,不是核力量,而是印度的软实力。"⑤ 为了说服和影响其他国家,印度在对外政策中愈发强调其民主体制、普世文化以及为发展中国家事业而奋斗等软实力特质。⑥

与此同时,印度政府也越来越注重将各项软实力资源通过具体的

---

① Sreeram Chaulia, "India's 'Power' Attributes", in David Scott ed., *Handbook of India's International Relations*, London and New York: Routledge, 2011, p. 31.
② Uma Purushothaman, "Shifting Perceptions of Powers: Soft Power and India's Foreign Policy", *Journal of Peace Studies*, Vol. 17, Issue 2&3, 2010.
③ Christian Wagner, "India's Soft Power: Prospects and Limitations", *India Quarterly*, Vol. 66, No. 4, 2010, p. 340.
④ Patryk Kugiel, *India's Soft Power: A New Foreign Policy Strategy*, p. 52.
⑤ Shashi Tharoor, "India as a Soft Power", *India International Centre Quarterly*, Vol. 38, No. 3/4, Winter 2011, Spring 2012, p. 333.
⑥ Syed Hasanat Shah, Hafsa Hasnat, Steven Rosefielde, "Comparative Analysis of Chinese and Indian Soft Power Strategy", *Asian Politics &Policy*, Vol. 9, No. 2, 2017, p. 272.

行动和政策转化为真正的实力。这些行动主要包括在海外设立文化中心、在海外举办展览、输出电影电视等文化产品、吸引留学生和外国游客、发挥海外侨民的作用等。① 此外，印度政府在 2004 年成立了海外印度人事务部，印度外交部在 2006 年设立了公共外交处，印度文化关系委员会（Indian Council for Cultural Relations，ICCR）和印度旅游部也加快了在全球的软实力布局。②

2014 年纳兰德拉·莫迪（Narendra Modi）当选印度总理后，更是旗帜鲜明地将推动印度的软实力战略作为其外交新政的重要内容之一③，并史无前例地加强了对印度形象的海外行销。④ 其中令人印象最深刻的是 2015 年莫迪亲自出马游说联合国，最终成功争取到 175 个联大成员支持将每年 6 月 21 日设立为"国际瑜伽日"。国际学术界和舆论界普遍认为，"瑜伽已经成为印度最成功，也是最流行的软实力工具"。⑤

二 发展援助：印度软实力战略的重要工具

事实上，除了上述最为人津津乐道的文化外交和公共外交⑥举措，

---

① Kishan S. Rana, "India and China: Soft Power in an Asian Context", in Naren Chitty, Li Ji, Gary D. Rawnsley and Craig Hayden eds., *The Routledge Handbook of Soft Power*, London and New York: Routledge, 2017, pp.384-387.

② Stéphanie M. -L. Heng, "Diplomacy and Image - Building: India Rides on Its Soft Power", *ORF Issue Brief*, No.163, November 2016, p.1.

③ Reeta Chowdhari Tremblay, Ashok Kapur, *Modi's Foreign Policy*, New Delhi: Sage Publications India Pvt Ltd, 2017, p.37.

④ Aakriti Tandon, "Transforming the Unbound Elephant to the Lovable Asian Hulk: Why is Modi Leveraging India's Soft Power?", *The Round Table: The Commonwealth Journal of International Affairs*, Vol.105, No.1, 2016, p.59.

⑤ Harsh V. Pant, "India's Soft Power Strategy", https://www.outlookindia.com/website/story/indias-soft-power-strategy/295206, 访问时间：2018 年 6 月 7 日。

⑥ 有学者将对外援助视为公共外交的重要工具，参见龙兴春《印度大国外交》，中国社会科学出版社 2016 年版，第 153 页。本文选择将援助外交作为单独的研究对象，以凸显其重要性。

一个国家实施软实力战略还有其他工具和政策组合。就软实力资源而言，以往通常被视为硬实力来源的经济力量其实也是软实力的一个重要来源。这是因为软硬实力之间并非泾渭分明，而是可以互为条件，相互转化。"硬实力是软实力的物质支撑，软实力则是硬实力的精神升华。"① 因此，公认的软实力强国几乎都是发达国家并非巧合。在资源的"软性使用"方面，如同军队被用于人道主义救援时能产生软实力一样，"当经济资源被用作发展援助时，它也能产生软实力，但如果被用作经济制裁时，则会折损软实力"②。

在国际发展学的文献中，"发展援助"（development assistance）经常与"对外援助"（foreign aid）、"发展合作"（development cooperation）等概念交互使用。传统的研究认为，国际发展作为一种特殊的国际政治经济学范畴，主要指发达国家政府帮助低收入国家消除贫困和发展经济的国际援助政策。"随之而来的国际发展援助更多的是一种援助关系，是发达国家对于欠发达国家的一种捐赠或者优惠贷款。"③ 曾几何时，主要由西方发达国家组成的经合组织发展援助委员会（DAC）定义了"官方发展援助"（Official Development Assistance，ODA）的标准。该定义强调ODA由官方机构提供、目的是促进发展中国家经济社会发展、具有优惠融资性质（如果是贷款，则赠予比例不低于25%），且排除出于军事用途的赠款与信贷。④

随着21世纪初以来印度、中国等南南发展伙伴的群体性崛起，"官方发展援助"的经典界定已经跟不上国际发展的新形势。鉴于此，安东尼奥·阿隆索（José Antonio Alonso）等学者在联合国经社理事会

---

① 胡键：《中国软实力研究》，第25页。
② Patryk Kugiel, *India's Soft Power: A New Foreign Policy Strategy*, p. 10.
③ 赵剑治：《国际发展合作：理论、实践与评估》，中国社会科学出版社2018年版，第4页。
④ Stephan Klingebiel, *Development Cooperation: Challenges of the New Aid Architecture*, New York: Palgrave Macmillan, 2014, pp. 2–3.

下属的发展合作论坛（Development Cooperation Forum，DCF）上提出了一个有别于 ODA 的"发展合作"新概念，即一种旨在明确支持国家或国际发展优先事项的活动，它并非由利润驱动，而是照顾发展中国家，且基于力求强化发展中国家自主权的合作关系。①

为了便于讨论 2030 年可持续发展目标（SDGs），2016 年 5 月联合国经社理事会发布的题为《国际发展合作的趋势与进展》（Trends and Progress in International Development Cooperation）的秘书长报告采纳了上述工作定义，并且列举了发展合作的主要方式：资金、能力建设、技术开发和转让、政策变化和多利益攸关方伙伴关系等。②

虽然印度政府迄今没有发表过以发展援助或发展合作为主题的政策白皮书，但印度外交部下属智库"发展中国家研究和信息系统"（Research and Information System for Developing Countries，RIS）主任萨钦·查图维迪（Sachin Chaturvedi）等学者近年来提出了新"发展契约"（development compact）的概念③，可以被视为印度主流发展学界对印度特色发展援助的一种定义。④ 需要指出的是，相比"发展援助"，印度官方更倾向于采用"发展合作"这一表述，以突出援助方与受援者之间是平等的合作伙伴关系。但同时，印度政府又将防务培训等也纳入"发展合作"的范畴，与本文关注的"（经济社会）发展优先事项"有所出入，故本文还是主要使用"发展援助"这一名词，以排除军事或安全援助。

---

① José Antonio Alonso and Jonathan Glennie, "What is Development Cooperation", *2016 Development Cooperation Forum Policy Briefs*, February 2015, No. 1, p. 4.

② "2016 Report of the Secretary – General on 'Trends and Progress in International Development Cooperation'", http://www.un.org/ga/search/view_doc.asp?symbol=E/2016/65，访问时间：2018 年 6 月 4 日。

③ 相关文献中对"发展契约"的英文表述有 development compact、development contract、development agreement 等。为了区分不同的合作范式，同时保持概念的连续性，笔者将其翻译为"传统/新发展契约"。

④ 胡勇：《新发展契约视野下印度对尼泊尔的发展合作政策》，《印度洋经济体研究》2019 年第 3 期。

"发展契约"的概念起源于 20 世纪 80 年代的西方发展学界,旨在重构发达国家援助方与发展中国家受援国之间的不平等关系。经过 20 世纪 90 年代美国经济学家 F. 杰拉德·亚当斯(F. Gerard Adams)、印度经济学家阿尔金·森古帕(Arjun Sengupta)等人的阐释,发展契约的理念逐渐进入国际发展领域的主流话语体系。2003 年,联合国开发计划署(UNDP)出版的《人类发展报告》也接纳了发展契约的概念。该报告将发展契约定义为基于共担责任体系的一项协议,即所有援助国都应该向着帮助受援国实现它们的发展目标这一方向而努力。在此过程中,受援国可以要求得到更多的援助和更优惠的市场准入。作为回报,援助方可以要求受援方实行更良好的治理与问责制。总而言之,传统发展契约的实质就是"发达国家和国际组织将为受援国成功实施发展计划提供必要援助。作为回报,发展中国家将与前者合作推动重大改革方案"。①

尽管传统发展契约为发展中国家提供了更加平等的地位,但本质上仍然是附条件的援助,只不过条件可以更加宽松灵活而已。这种附条件的援助不仅存在理论上的风险,实践中也遭遇了挫败。② 以传统发展契约为参照体系,新发展契约的内涵主要有两大特点。第一,新发展契约是印度与发展中国家之间的"契约",对应的是南南发展合作。传统发展契约是发展中国家与发达国家,或者主要由发达国家组成的布雷顿森林体系机构之间的契约,对应的是北南合作(援助)。第二,相应地,新发展契约遵循的也是南南合作的基本原则。在印度学者看来,新发展契约的核心原则包括可持续性与包容性、建基于印

---

① Sachin Chaturvedi, "The Development Compact: A Theoretical Construct for South – South Cooperation", *RIS Discussion Paper*, No. 203, June 2016, p. 6.
② [英]乔纳森·格伦尼:《良药还是砒霜? 援助并非多多益善——非洲援助之惑》,周玉峰译,民主与建设出版社 2015 年版,第 37—46 页。林毅夫、王燕:《超越发展援助:在一个多极世界中重构发展合作新理念》,北京大学出版社 2016 年版,第 80、88 页。

度自身的发展经验、非条件性、需求驱动、互利双赢等。① 而传统发展契约则明确要求受援国实施由发达国家实际主导的各种版本的结构调整方案，来作为获得后者援助的条件。总之，新发展契约体现了印度追求的南南发展伙伴关系的要义。

相较传统发展契约聚焦以捐赠为主要内容的官方发展援助，新发展契约的外延要广泛得多，主要包括能力建设（capacity building）、贸易与投资、开发性金融（development finance）、捐赠和科技合作等。其中，捐赠有时候也可以被归入总体的融资机制。查图维迪特别指出，新兴经济体与其他发展中国家的合作强调的是对后者经济发展的综合性支持，实践中并不限于以上五个方面。相关内容参见表1。

表1　　　　　　　　　　　新发展契约

能力建设	在印度的培训计划；派遣印度专家到伙伴国；奖学金；第三国的培训计划；部署志愿者；开展可行性研究；创建生产和培训中心等
贸易与投资	免税优惠；贸易许可；为贸易便利化而改善基础设施；提供营商便利化服务；贸易促进和贸易支持服务；帮助提升监管能力；提供投资基金；发展区域内供应链；区域和次区域贸易协定；提供货币的自由兑现；为境外直接投资提供税收优惠等
开发性金融	优惠贷款（包含或不包含能力建设成分的利息）；不同时期的商业利率等
科技	科技合作；共同开展科学和学术研究；交钥匙工程；包含或不包含能力建设成分的技术转让；补贴因知识产权保护协定产生的许可费或免税额等

资料来源：Sachin Chaturvedi, "The Development Compact: A Theoretical Construct for South–South Cooperation", *RIS Discussion Paper*, No. 203, June 2016, p. 13.

21世纪以来，印度对发展援助政策作了重大调整。首先，印度逐

---

① Sachin Chaturvedi, Anuradha M. Chenoy, Deepta Chopra, Anuradha Joshi and Khush Hal S. Lagdhyan, "Indian Development Cooperation: The State of the Debate", Institute of Development Studies, *Evidence Report*, No. 95, September 2014, p. 29.

步减少了对外援的依赖；其次，印度加大了对其他发展中国家的援助力度；再次，印度打破了传统ODA中捐赠、优惠贷款与贸易之间的壁垒，将基于互利原则的部分贸易投资等也计入了发展援助的范畴；①最后，印度开始酝酿成立独立的"印度国际发展合作署"（India International Development Cooperation Agency，IIDCA），以统筹协调发展援助事宜。②几经波折后，2012年1月，印度外交部将2005年设立的"发展伙伴关系处"升格为"发展伙伴关系管理局"（Development Partnership Administration），负责具体协调印度的发展援助事务。该局下设三个处，第一处主要负责"印度发展与经济援助计划"（IDEAS）下的信贷额度；第二处主要管理"印度科技与经济合作"（ITEC）项目下的能力建设以及紧急人道主义援助；第三处主要完成对阿富汗、尼泊尔、马尔代夫、缅甸和斯里兰卡的捐赠援助。③

除了印度外交部，印度进出口银行和财政部也在印度的发展援助中扮演了重要角色。其中，财政部负责管理印度作为发展援助内容提供的贷款和信贷额度（LOC），这两种贷款资金必须有印度政府的预算支持，因此限制了印度提供对外援助的规模。"通过提供由政府建议但由进出口银行提供并管理的信贷，印度政府无须创建新的管理架构，也无须在外交部增加新的职位。"④

查图维迪等印度学者在阐释新发展契约时，明确将"增进印度的

---

① Sachin Chaturvedi, Anuradha M. Chenoy, Deepta Chopra, Anuradha Joshi and Khush Hal S. Lagdhyan, "Indian Development Cooperation: The State of the Debate", Institute of Development Studies, *Evidence Report*, No. 95, September 2014, p. 9.

② Pranay Kumar Sinha, "Indian Development Cooperation with Africa", in Fantu Cheru and Cyril Obi eds., *The Rise of China &India in Africa: Challenges, Opportunities and Critical Interventions*, London&New York: Zed Books, 2010, p. 78.

③ *Annual Report* (2018 – 2019), Ministry of External Affairs, Government of India, 2019, p. 258.

④ 联合国开发计划署、商务部国际贸易经济合作研究院：《兼容并蓄与因地制宜？各国开展发展合作的方式及其对中国的借鉴意义》，中国商务出版社2016年版，第43页。

软实力"作为印度提供发展援助的重要考量。① 中国学者陈莹认为，援助国除了追求短期的经贸利益和长期的战略安全利益外，还谋求更广义的国家利益，包括塑造民族形象、提高国家声望、宣扬社会价值以及传播生活方式等。后者正是软实力的体现，"对于国家之间信任感的增强、援助国良好国家形象的树立、价值和意识形态的转变与取舍，甚至国家发展道路的选择都具有十分重要的意义"②。

在实践中，许多国家都将发展援助作为软实力战略的重要工具。比如，以色列在世界舆论中长期以中东冲突的挑起者的身份出现，但通过技术援助，许多发展中国家对以色列赞赏有加，成功改善了以色列的国际形象。③ 再比如，魏雪梅通过研究对非援助发现，对外援助是一个"能将国家的文化、意识形态和价值观及外交政策等资源综合起来以更好地展示、发挥一个国家吸引力的重要途径"。④ 胡鞍钢等进一步指出，发展援助是"一个大国增强其国际影响力、国际软实力，用来服务该国外交和国际战略的重要工具，可视为一国的国家投资、国际战略投资、长期投资以及竞争性投资"。⑤

尽管印度经常被一些西方学者称为"新兴援助者"或者"新发展伙伴"，但它其实并不是国际发展援助领域的新面孔。⑥ 作为南南发展合作的先驱，印度早在正式独立前夕就将教育、卫生、科技等领域的发展援助作为其扩大在广大发展中国家中影响力的重要工具。据印度学者考证，"第一个被记录的案例是成立于1946年9月的印度过渡政

---

① Sachin Chaturvedi, Anuradha M. Chenoy, Deepta Chopra, Anuradha Joshi and Khush Hal S. Lagdhyan, "Indian Development Cooperation: The State of the Debate", Institute of Development Studies, *Evidence Report*, No. 95, September 2014, p. 29.
② 陈莹：《冷战后中美日在东南亚的软实力角力——以对东盟援助为例》，《东南亚研究》2012年第1期。
③ 闵捷：《技术援助与以色列软实力构建》，《阿拉伯世界研究》2014年第4期。
④ 魏雪梅：《中国援助非洲与提升中国软实力》，《国际关系学院学报》2011年第1期。
⑤ 胡鞍钢、张君忆、高宇宁：《对外援助与国家软实力》，《武汉大学学报》（人文科学版）2017年第3期。
⑥ 胡勇：《国际发展援助转型与印度对非发展合作》，《外交评论》2016年第6期。

府向来自中国和印尼的实习生提供奖学金项目"。① 印度独立后虽然自身也是发展中国家,但仍坚持向亚非等发展中国家提供发展援助。其中,印度对非洲的发展援助就起到了增进非洲国家对印度好感、兴趣、认同以及深化印非关系的作用。② 除了非洲地区,包括阿富汗在内的周边国家也是印度提供发展援助以扩大软实力的主要对象。③ 自 21 世纪初阿富汗启动战后重建以来,经济实力日益雄厚的印度加大了对阿富汗的发展援助投入,印阿关系持续升温。发展援助成为印度对阿富汗软实力战略的主要支柱之一。

三 印度对阿富汗的发展援助与印度的软实力

随着阿富汗在 2005 年正式加入南亚区域合作联盟(SAARC),与印度并不直接接壤的阿富汗被越来越多的人视为广义的南亚国家。早在 20 世纪 70 年代初,印度就曾向处于旱灾中的阿富汗提供了粮食援助,从而成功换取阿富汗在 1971 年印巴战争中保持中立。④ 除了塔利班第一次当政的 1996 年至 2001 年,印度同历届阿富汗政府都维持了良好关系。2001 年阿塔倒台后,印度积极参与阿富汗的民主重建与经济社会发展。"印度在阿富汗有政治和战略利益——防止极端势力卷土重来。阿富汗的经济发展与稳定也离不开印度的支持。"⑤ 在 2001 年以来的印阿关系中,"发展经济联系与提供发展援助是重要

---

① Sachin Chaturvedi, Saroj Kumar Mohanty, "Indian Development Cooperation: A Theoretical and Institutional Framework", Forum for Indian Development Cooperation (FIDC), *Policy Brief*, No. 7, March 2016, p. 1.
② 简军波:《印度在非洲的软实力:资源、途径与局限性》,《非洲研究》2015 年第 2 期。
③ Sinderpal Singh ed., *Modi and the World: (Re) constructing Indian Foreign Policy*, Singapore: World Scientific, 2017, p. 125.
④ Stanley Wolpert, *Encyclopedia of India* (Vol. 1), Michigan: Thomson Gale, 2006, p. 7.
⑤ Aneek Chatterjee, *Neighbours, Major Powers and Indian Foreign Policy*, pp. 89 – 90.

内容"。①

根据2011年11月签署的《印阿战略伙伴关系协定》,印度承诺将继续为阿富汗援建基础设施与国家机构,提供教育与科技援助来帮助阿富汗人重启能力建设。同时印度也鼓励对阿贸易与投资,为阿富汗商品进入印度市场提供免税通道。最终目的是支持"阿人主导,阿人所有"(Afghan-led,Afghan-owned)的包容性政治的和解进程,并且号召国际社会为阿富汗人民提供可持续的长期承诺。②

尽管在时任的美国总统唐纳德·特朗普看来,印度对阿富汗发展援助的规模根本不值一提。③ 但据印度外长苏杰生(S. Jaishankar)2020年11月披露,印度在阿富汗开展了覆盖全国34个省的400多个项目。2001年以来,印度在阿富汗的项目投入逾30亿美元,是对阿富汗援助最多的南亚国家。④ 即使在所有援助国中,印度也排名第五,仅次于美日欧等发达国家。与此同时,阿富汗也已经成为仅次于不丹的印度第二大受援国。⑤

具体来说,2001年以来印度对阿发展援助主要集中在以下四个领域:人道主义援助、基础设施援建、高质量的社区发展计划(High Impact Community Development Projects,HICDP)以及教育和能力建设项目。

---

① Arijit Mazumdar, *Indian Foreign Policy in Transition：Relations with South Asia*, London and New York：Routledge, 2015, p.67.
② "India-Afghanistan Relations", Ministry of External Affairs, Government of India, October, 2017.
③ 2019年1月,特朗普在一次白宫记者会上公开讽刺莫迪喋喋不休"印度在阿富汗建了一座图书馆",暗示印度对阿富汗重建贡献寥寥。参见《对阿富汗重建贡献少？印度回怼：不需美"说教"》,http://www.xinhuanet.com/world/2019-01/05/c_1210030530.htm,访问时间：2021年10月30日。
④ 楼春豪：《印度担心成阿富汗乱局输家》,《环球时报》2021年8月13日第14版。
⑤ S. Shaji, "Withdrawal of the NATO and Indo-Afghan Relations：Emerging Possibilities and Challenges", in Rajen Harshé and Dhananjay Tripathi eds., *Afghanistan Post-2014：Power Configurations and Evolving Trajectories*, London and New York：Routledge, 2015, p.171.

表2　　　　　　　　　近十年来印度对阿富汗援助额　　　　单位：千万印度卢比

财政年度	拨款（allocated）	支出（disbursed）
2008—2009	445	339.91
2009—2010	442.05	223.39
2010—2011	290	349.75
2011—2012	290	326.61
2012—2013	707	490.96
2013—2014	648.24	585.31
2014—2015	676	723.52
2015—2016	676	880.44
2016—2017	520	263.02
2017—2018	350	365.96
2018—2019	325	469.98

说明：至于换算成美元（包括当时价格和购买力平价）的援助额，可以参考 Rani D. Mullen, "India in Afghanistan: Understanding Development Assistance by Emerging Donors to Conflict – Affected Countries", in Agnieszka Paczynska ed., *Changing Landscape of Assistance to Conflict – Affected States: Emerging and Traditional Donors and Opportunities for Collaboration*, Stimson Center, 2017, p.6.

资料来源：印度外交部网站https：//meadashboard.gov.in/indicators/92。

（一）人道主义援助

根据印度官方文件，印度通过世界粮食计划署每天为200万阿富汗在校学生提供每人100克的高蛋白强化饼干。2009年1月，时任阿富汗总统哈米德·卡尔扎伊（Hamid Karzai）访印期间，印度又宣布向阿富汗捐赠25万吨小麦，以缓解阿富汗的粮食紧缺。此外，印度赴阿富汗医疗队（Indian Medical Missions）平均每月为3万多名阿富汗民众提供免费的医疗咨询和药物。印度在阿富汗首都喀布尔重建了英迪拉·甘地儿童卫生中心（Indira Gandhi Institute for Child Health）。印度还向阿富汗一些地方捐赠了400辆巴士、200辆迷你巴士、105辆多功能汽车和 10 辆救护车。① 2017 年 10 月底至 2018 年 4 月，印度通过伊朗的恰巴哈尔港（Chabahar Port）向阿富汗运送了 17 万吨小麦和 2000 吨扁豆，以缓解阿富汗的旱情。②

为了帮助阿富汗应对新冠肺炎疫情及其引发的粮食安全问题，2020 年印度向阿富汗紧急援助了 7.5 万吨小麦。此外，还向阿富汗提供了大量药品和医疗物资，包括 50 万片抗疟疾的氯喹、10 万片用于退烧的药品和 5 万双外科手套等。③ 在 2021 年 10 月举行的二十国集团（G20）阿富汗问题特别峰会上，印度总理莫迪称每一个印度人都对阿富汗人民的疾苦感同身受，并呼吁国际社会设法确保阿富汗获得即时的和畅通无阻的人道主义救援渠道。④ 同年 12 月，印度向"塔利班 2.0"时代的阿富汗提供了包括食品、药品、生活必需品和过冬帐篷等在内的第一批人道主义物资。

（二）基础设施援建

印度已帮助阿富汗完成多项标志性工程。其中包括总投入 1.35 亿美元，历时 7 年竣工的全长 218 公里的扎拉尼（Zaranj）至迪拉腊姆（Delaram）公路，该公路成为连接阿富汗西南部与伊朗边境的主要交通与商业通道，并将其延伸至伊朗的恰巴哈尔港。同样于 2009 年完工的还有从阿富汗北部城市普勒库姆里（Pul‐e‐Khumri）通往首都喀布尔的 220 千伏输电线工程，以及位于齐姆塔拉（Chimtala）的一个

---

① Ministry of External Affairs, *India and Afghanistan: A Development Partnership*, Government of India, 2009, p. 9.

② Ministry of External Affairs, *Annual Report* (2018 – 2019), Government of India, 2019, p. 252.

③ "Bilateral Brief", Embassy of India, Kabul, https://mea.gov.in/Portal/ForeignRelation/Kabul_ 2020.pdf，访问时间：2021 年 10 月 30 日。

④ "Prime Minister Participates in G20 Extraordinary Summit on Afghanistan", https://mea.gov.in/press‐releases.htm? dtl/34384/prime + minister + participates + in + g20 + extraordinary + summit + on + afghanistan，访问时间：2021 年 11 月 1 日。

220/110/20 千伏变电站。后者负责将阿富汗北部电网的额外电力提供给喀布尔。此外，印度还帮助阿富汗的 11 个省份重建了通信基础设施，并且使阿富汗的电视网络覆盖到该国所有省份的省会等。①

近年来落成的主要基建项目还有阿富汗议会新大楼和"阿富汗-印度友谊水坝"（Afghan-India Friendship Dam）。2015 年 12 月，现任印度总理莫迪访问阿富汗，与时任阿总统阿什拉夫·加尼（Ashraf Ghani）共同出席了新大楼的移交仪式。该大楼由印度政府于 2007 年动工援建，历时 8 年竣工，总投入约 1 亿美元。② 第二年 6 月，莫迪总理又访问了阿富汗赫拉特省（Herat），与加尼总统共同出席了友谊水坝的移交仪式。该水坝原名"萨尔玛水坝"（Salma Dam），由印度在 21 世纪初援建，历时 10 多年才竣工，总投入约 3 亿美元。据印度驻赫拉特领事馆 2015 年向阿富汗媒体介绍，水坝蓄水面积达 60 平方公里，蓄水量 6.4 亿立方米，竣工后其发电能力有望达到 42 兆瓦，灌溉农田面积 8 万公顷。③

2017 年 9 月，印阿战略伙伴关系理事会（Strategic Partnership Council）在新德里召开第二次会议，双方同意启动印阿"新发展伙伴关系"（New Development Partnership）计划。在这次会议上，印度决定援建一批新的基建项目，包括沙陀特水坝（Shahtoot Dam）、喀布尔饮用水项目、恰里卡尔城（Charikar City）供水项目、巴米扬省（Bamyan）的班达米尔（Band-e-Amir）公路项目、楠格哈尔省（Nangarhar）的廉价房项目、喀布尔的石膏板工厂以及马扎里沙里夫

---

① Ministry of External Affairs, *India and Afghanistan: A Development Partnership*, Government of India, 2009, p.10.
② 有人认为被特朗普嗤之以鼻的所谓"图书馆"，其实应该是阿富汗议会新大楼。参见 Abdul Rahman Rahmani, "India's Soft Power is Very Effective in Afghanistan", https://www.hindustantimes.com/analysis/india-s-soft-power-is-very-effective-in-afghanistan/story-1db4KfSkgoQYO7xM08LaVP.html, 访问时间：2019 年 3 月 10 日。
③ 《阿富汗将 Salma 水坝更名为阿印友谊水坝》，http://af.mofcom.gov.cn/article/jmxw/201509/20150901100413.shtml, 访问时间：2018 年 6 月 8 日。

(Mazar‑e‑Sharif) 的综合医院等。①

(三) 高质量的社区发展计划

该计划又称小型和以社区为基础的发展计划 (Small and Community‑based Development Projects, SDPs)。这一计划虽然没有大型基础设施援建那样引人瞩目，却是直接造福阿富汗基层民生的项目，也是印度对阿发展援助的重点之一。2005 年 8 月，时任印度总理曼莫汉·辛格 (Mannohan Singh) 访问阿富汗时正式宣布启动该计划。该计划涉及农业、农村发展、教育、卫生、职业培训等领域，特点是规模小 (预算不超过 100 万美元)、时间短 (6－12 个月)、见效快和直接面向当地基层群众。

根据两国政府的协议，该计划的实施共分三个阶段。第一和第二阶段总投入 2000 万美元，涉及 132 个具体项目，其中 94 个已经完成。2012 年 11 月，时任阿富汗总统卡尔扎伊访印期间，双方签署了实施第三阶段计划的谅解备忘录，准备投入 1 亿美元，实施 287 个具体项目。其中 5250 万美元的预算已经获批，印度政府还在考虑另外新增 87 个项目。② 2016 年年初，时任阿富汗首席执行官阿卜杜拉·阿卜杜拉 (Abdullah Abdullah) 访问印度期间，印度同意在第三阶段计划中再增加 92 个项目。③ 截至 2020 年 8 月，印度已经在阿富汗 34 个省份资助完成了 433 个项目，另有 110 个项目正在推进。双方一度协商开展投资 8000 万美元的第四阶段计划。④

---

① "India‑Afghanistan Relations", Ministry of External Affairs, Government of India, October, 2017.

② "Development Partnership", Embassy of India, Kabul, Afghanistan. https://eoi.gov.in/kabul/?0707?000，访问时间：2018 年 6 月 8 日。

③ "India‑Afghanistan Relations", Ministry of External Affairs, Government of India, October, 2017.

④ "Bilateral Brief", Embassy of India, Kabul, https://mea.gov.in/Portal/ForeignRelation/Kabul_2020.pdf，访问时间：2021 年 10 月 30 日。

（四）教育和能力建设

相较有形的硬件建设项目，教育和能力建设更能彰显印度发展援助的优势与特点，而且这些"软件"所供给的"不仅仅是技能和知识，还有发展理念、模式和价值观，另外还可以储备人脉资源"。① 印度将阿富汗纳入了其能力建设的两大品牌项目——"印度技术与经济合作"（Indian Technical and Economic Cooperation，ITEC）和"科技合作科伦坡计划"（TCS Colombo Plan）。

1964年启动的ITEC项目旨在为发展中国家培训专业人才，包括由ITEC伙伴国派遣学员到印度接受专业领域的培训，以及印度向海外派出专家等。② 目前ITEC项目由印度外交部技术合作处资助，涉及阿富汗的项目主要面向阿政府部门和半官方机构的中层公务员，也有少量名额向私人或商业组织开放。

2005年时任印度总理曼莫汉·辛格访阿时宣布，ITEC项目给予阿富汗的名额由每年200人增加到500人。ITEC项目课程的周期从两周到一学年不等，内容涉及商业管理、信息技术、立法培训、英语口语与写作、商务沟通、生物医学/光学/眼科仪器、流程管理与控制、城市规划与管理、大众传播、人力资源、企业管理、财务分析、农业和农村发展、后勤与供应链管理、纺织品管理、预防艾滋病等方方面面。除了补贴生活费，印度政府还负责提供阿富汗学员的学费、住宿费和往返经济舱机票费。③

"科伦坡计划"全称"南亚和东南亚国家发展与合作计划"，是二

---

① 刘宗义：《印非合作机制建设及其对中国的启示》，《南亚研究》2013年第3期。
② Kumar Tuhin, "India's Development Cooperation through Capacity Building", in Sachin Chaturvedi and Anthea Mulakala, eds., *India's Approach to Development Cooperation*, London and New York: Routledge, 2016, p.32.
③ "ITEC Fellowships", Embassy of India, Kabul, Afghanistan, https://eoi.gov.in/kabul/?0360?000，访问时间：2018年6月8日。

战后英联邦发起的一项多边援助方案。20世纪50年代，印度加入了"科伦坡计划"。通过这个平台，印度不仅接受发达国家的援助，也向其他发展中国家提供援助，特别是科技、教育等能力的建设支持。与ITEC项目不同，"科技合作科伦坡计划"由印度财政部资助，旨在为包括阿富汗在内的发展中国家提供中短期培训项目。目前该计划每年向阿富汗提供20个名额，同样主要面向阿政府部门和半官方机构的中层公务员。该计划旨在通过综合的系统性培训，帮助学员在经过人力资源开发后提升管理能力和科技水平。项目周期从一周到三年不等，课程设计既有分子生物学、水文学、遥感技术、标准化与质量控制等"阳春白雪"，也有家禽管理、养蚕技术、鞋类设计、皮革加工、水泥生产等"下里巴人"，还有议会实习、保险、审计等实践科目。在学员的待遇方面，"科技合作科伦坡计划"与ITEC项目相同。①

除了政府官员，阿富汗的大学生和研究生也能从能力建设项目中受益。印度外交部下属的印度文化关系委员会（ICCR）就为有意赴印度留学的阿富汗学生提供了1000个奖学金名额。阿富汗外交部、高等教育部和教育与经济部组成奖学金委员会，负责遴选奖学金获得者。奖学金覆盖本科、硕士和博士三个层次，涉及文科、理科、商科等多个专业门类。此外，ICCR还在印地语教学、音乐舞蹈等艺术领域设置了专门的奖学金。不过，与面向阿富汗官员的培训项目不同，ICCR只提供学费和住宿费以及生活费补贴，机票费用需要阿富汗学生自理。②

继邀请阿富汗官员和学生来印度培训和留学后，2015年12月，印度总理莫迪在访问阿富汗时宣布，将向阿富汗安全部队的烈士子女提供500个奖学金名额。2016年9月，在时任阿富汗总统加尼访印期间，印度又宣布未来将追加10亿美元的能力建设援助。除了支持阿富

---

① "TSC Colombo Plan", Embassy of India, Kabul, Afghanistan, https://eoi.gov.in/kabul/?0362?000，访问时间：2018年6月8日。
② "ICCR Scholarships", Embassy of India, Kabul, Afghanistan, https://eoi.gov.in/kabul/?0359?000，访问时间：2018年6月8日。

汗人来印度学习，印度还承诺将为阿富汗人提供教育、卫生、农业、基础发展、女性赋权等领域的在地培训①，包括为阿富汗援建国立农业技术大学。② 根据印度外交部公布的数据，近十年来阿富汗在印度科技合作预算中的占比始终名列前茅，是主要受益者之一。

表3　　　　阿富汗在印度科技合作项目中所获金额、占比与排名

单位：千万印度卢比

财政年度	金额	占比（单位:%）	排名
2010—2011	310	10.63	2
2011—2012	290	8.47	2
2012—2013	491	15.19	2
2013—2014	525	9.70	3
2014—2015	676	10.78	2
2015—2016	676	7.42	2
2016—2017	520	6.58	2
2017—2018	350	5.08	3
2018—2019	400	6.42	4
2019—2020	400	4.89	4
2020—2021	400	5.37	4

资料来源：笔者根据印度外交部年报自制。

综上所述，随着印度综合国力的快速提升，印度拥有了更丰富的软实力资源，并通过发展援助这一软实力战略的重要工具，将印度的软实力资源真正转化为实力，进而实现印度在阿富汗扩大影响力和营造对印友好氛围的软实力目标。首先，自冷战结束以来，特别是进入21世纪以后，印度对发展援助的投入大幅增加（参见表4）。作为印

---

① "India – Afghanistan Relations", Ministry of External Affairs, Government of India, October, 2017.
② 戴永红、张婷：《印度南亚援助政策的理念、实践与趋势》，《南亚研究》2019年第3期。

度的新兴受援国,20年来阿富汗在人道主义援助、基础设施援建、社区发展项目、教育培训等领域得到了来自印度的大量资源注入,无论是战后国家重建还是民生改善都从中受益匪浅。

表4　　　　　　　　印度对外援助中的捐赠与贷款总额　　　　单位:千万印度卢比

财政年度	拨款(allocated)	支出(disbursed)
2008—2009	1822.47	2468.91
2009—2010	2104.6	2251.12
2010—2011	2152.35	2705.91
2011—2012	2844	3005.9
2012—2013	4857.21	5193.06
2013—2014	6636.12	6425.96
2014—2015	9108.37	6384.56
2015—2016	8779.96	7719.65
2016—2017	7545.62	5304.13
2017—2018	6304.13	4747.39
2018—2019	5375	6094.81
2019—2020	7517.79	3834.98
	65047.62	56136.37

资料来源:印度外交部网站https://meadashboard.gov.in/indicators/92。

其次,根据新发展契约的内涵,印度与阿富汗之间不是传统意义上的"援助者—受援者"范式[①],而是平等的发展伙伴关系。从措辞上看,印度外交部发布的2009版印度对阿发展援助报告就命名为《印度与阿富汗:一种发展伙伴关系》(India and Afghanistan: A Development Partnership)。更重要的是,相比传统发展契约,印度的发展援助不但不强加任何政治条件,而是以发展伙伴的实际需求为导向(de-

---

① 关于北南援助和南南合作的比较,参见 Cui Wenxing, "A Comparison between North - South Aid and South - South Cooperation: Based on the Analysis of the New Development Finance Institutions", *Journal of Shanghai Jiaotong University*, Vol. 21, No. 1, 2016。

mand-driven）。在具体操作中，印度对阿富汗的发展援助项目都是先与阿政府协商，由阿政府决定优先领域。① 印度外交部2004年发表的首份对阿发展援助报告就指出，印度对阿援助是由一项深层和持久的承诺驱动的，这项承诺概括起来就是："阿富汗优先。"② 同为软实力战略的工具，印度的发展援助无论在理念还是操作层面都比西方对阿的援助更具合法性与道德性。③

最后，从效果上看，发展援助这一软实力工具在阿富汗的运用总体上是成功的。在官方层面，早在21世纪初，印度就恢复对阿的发展援助，阿富汗外交部的一名官员就曾激动地表示，"每当我看见印度捐赠的巴士，我们两国的深厚友谊就映入我的脑海"。④ 2017年11月，时任阿富汗政府首席执行官阿卜杜拉在出席《印度斯坦时报》第十五次领袖论坛时，代表阿富汗政府感谢印度的"慷慨与软实力"。⑤ 时任阿富汗总统加尼也曾公开强调，印度在阿富汗对外政策的每一个层面都是不可或缺的，其中一个重要理由就是印度是阿富汗的主要援助国之一。⑥ 即使被认为与印度关系不睦，2021年8月阿塔在即将入主喀布尔之际，其发言人穆罕默德·苏海尔·沙欣（Muhammed Suhail Shaheen）也不得不承认"印度对阿富汗的援助超过了20亿美元，我们赞赏印度为阿富汗重建、经济繁荣与民众所做的一切，包括修建水坝、

---

① Arijit Mazumdar, *Indian Foreign Policy in Transition: Relations with South Asia*, p. 67.
② Ministry of External Affairs, *Afghans First: India at Work in Afghanistan*, Government of India, 2004, p. 11.
③ 相较印度，一些西方国家的对阿援助更多基于自身利益而非当地民众需求。参见富育红《美国在阿富汗的困境》，中国社会科学出版社2020年版，第259页。
④ Ministry of External Affairs, *Afghans First: India at Work in Afghanistan*, Government of India, 2004, p. 11.
⑤ "HTLS 2017 live: Afghanistan is Thankful for India's Generosity and Soft Power, Says Abdullah Abdullah", *The Hindustan Times*, Nov. 30, 2017.
⑥ Meena Singh Roy, "'New Regionalism' and Afghanistan: The Role of India", in Amin Saikal and Kirill Nourzhanov eds., *Afghanistan and Its Neighbors after the NATO Withdrawal*, Lanham: Lexington Books, 2016, p. 74.

道路、学校等",阿塔还承诺"我们的政策是不允许利用阿富汗的土地反对包括邻国在内的任何国家"①。

民间方面,根据2010年英国广播公司、美国广播公司和德国电视一台的联合民意调查,阿富汗人对印度的评价最高(71%),超过了对美国(51%)、伊朗(51%)、英国(39%)和巴基斯坦(15%)的评价。② 2016年阿富汗最大的独立媒体"帕杰瓦克通讯社"(Pahjwok Afghan News)曾报道称,"如果你问任何一个阿富汗人如何看待印度?每一个阿富汗人都会回答视印度为诚实的朋友和兄弟,我们喜欢印度"③。此外,很多阿富汗网民也在社交媒体上表示印度是最受阿富汗人民欢迎的国家,感谢印度对阿富汗提供的发展援助。④ 无怪乎会有学者得出结论,在印度与阿富汗的关系中可以观察到印度运用软实力的最好示范,发展援助显然功不可没。⑤ 因此,尽管印度并非阿富汗最大援助国,在阿富汗也没有常驻军队,但印度对阿软实力外交却卓有成效,双边关系也越走越近。

四 结语

总而言之,通过发展援助这一政策工具,印度成功地拉拢了塔利班倒台后的阿富汗,基本实现了其软实力战略的目标。但同时也应当

---

① "Taliban Appreciates India's Development Efforts in Afghanistan, Assures not to Target any Embassy or Diplomat", https://www.indiatvnews.com/news/world/taliban-praise-india-development-projects-in-afghanistan-embassy-diplomat-attack-726479,访问时间:2021年10月30日。

② Patryk Kugiel, *India's Soft Power: A New Foreign Policy Strategy*, p. 145.

③ "What do Afghans Think of India", Pahjwok Afghan News, June 16, 2016. 转引自张杰、吴俊《莫迪政府的阿富汗战略:路径、动因与成效》,《新疆社会科学》2021年第3期。

④ 《阿富汗某网民:印度是最受阿富汗人民的欢迎的国家》,https://wemedia.ifeng.com/51097898/wemedia.shtml,访问时间:2019年3月11日。

⑤ Uma Purushothaman, "Shifting Perceptions of Powers: Soft Power and India's Foreign Policy", *Journal of Peace Studies*, Vol. 17, Issue 2&3, 2010.

看到，作为软实力资源大国的印度还不是真正的软实力强国，发展援助在印阿关系中的作用也不宜夸大。在"塔利班2.0"时代的阿富汗，印度能否通过发展援助继续巩固和扩大其软实力将面临不确定性。

第一，印度虽然坐拥可观的软实力资源，但无论是印度在世界上的软实力排名，还是将实力资源转化为政策效果的能力上，总体而言都不尽如人意。① 综合英国政府研究所、俄罗斯斯科尔科沃-安永新兴市场研究所和西班牙艾尔卡诺研究所发布的各国软实力排名，印度的软实力名次不但远远落后于美英法德等主要西方发达国家，与中日韩等亚洲国家也存在差距。② 印度外交官和学者基尚·拉纳（Kishan S. Rana）则批评印度的软实力政策支离破碎，欠缺一个"全政府路径"（a whole-of-government approach），以至于无法将资源有效转化。③

第二，尽管从理论上讲不宜将软硬实力截然分开，但国际政治现实却证明，即使印度在阿富汗拥有值得称道的软实力优势，也不足以弥补或者掩盖其在硬实力上的明显短板。无力应对阿富汗极端组织对印度在阿人员和项目的袭击是直接暴露出来的问题。过去跟在阿富汗驻有重兵的美国相比，印度在阿富汗议题上不得不经常靠边站。④ 如今印度在阿富汗更面临来自邻国巴基斯坦的激烈竞争与制衡。⑤

第三，从技术层面讲，印度的发展援助在阿富汗不同地区的效果

---

① Rohan Mukherjee, "The False Promise of India's Soft Power", *Geopolitics, History, and International Relations*, Vol. 6, No. 1, 2014, p. 52.

② 时宏远：《印度软实力评估：比较的视野》，《印度洋经济体研究》2019年第4期。

③ Kishan S. Rana, "India and China: Soft Power in an Asian Context", in Naren Chitty, Li Ji, Gary D. Rawnsley and Craig Hayden eds., *The Routledge Handbook of Soft Power*, London and New York: Routledge, 2017, pp. 382–390.

④ Harsh V. Pant, *India's Afghan Muddle: A Lost Opportunity*, Noida: Harper Collins Publishers India, 2014, p. 77.

⑤ 李吉军：《印度对阿富汗援助的政策考量、主要内容及制约因素》，《南亚研究季刊》2018年第2期。Muhammad Tariq and Manzoor Ahmad, "India-Pak Rivalry in Afghanistan", *FWU Journal of Social Sciences*, Winter 2015, Vol. 1, No. 2, 2015, pp. 15–24.

存在显著差别。"印度似乎并未赢得阿富汗南部广大普什图族民众的好感,特别是阿、巴部落地区的宗教极端势力仍将印度视为威胁。"①印度应当重视这一警讯,对症下药,调整发展援助的方式方法,优化软实力战略。

第四,印度对阿发展援助的中长期软实力效果并非不言而喻,有些需要更多时间和事实来检验。比如,那些受过印度培训的阿富汗中层官员和得到印度资助的阿富汗留学生,将来如果进入决策层,有多大概率会奉行亲印政策,是需要长时段跟踪和实证研究的。② 特别在阿塔重新掌权的背景下,印度上述"投资"的效果更加可疑。总之,未来如何更好地整合实力资源,用好发展援助这张"软实力牌"将是对印度外交战略智慧与能力的考验。

---

① 富育红:《美国在阿富汗的困境》,第104页。
② Rohan Mukherjee, "India's International Development Program", in David M. Malone, C. Raja Mohan, Srinath Ragharan eds., *The Oxford Handbook of Indian Foreign Policy*, Oxford University Press, 2015, p. 183.

《中亚研究》约稿启事

《中亚研究》由兰州大学中亚研究所主办,中国社会科学出版社出版,是知识性与思想性并重的学术辑刊,目前每年出版1辑,国内外公开发行。《中亚研究》主要刊发与中亚地区和国别、上海合作组织、阿富汗、反恐等问题相关的学术论文,主要涉及外交、安全、政治、经济、历史、文化等问题。欢迎广大同人赐稿,本刊实行优稿优酬原则,一经刊发即付稿酬。

一 投稿须知

(一)文稿要求文字精练、立论新颖、论据充分,文责自负(严禁抄袭)。

(二)姓名在文题下按序排列,多作者稿署名时须征得其他作者同意,排序应在投稿时确定。接录用通知后不再改动。获得各项课题资助的来稿将优先发表(需要在稿件首页注明)。

(三)论文格式一般要包括题目、作者及单位、联系方式、摘要、关键词、正文、注释等。

(四)目前《中亚研究》审阅稿件以电子稿件为准,请向编辑部邮箱发送 WORD 文稿。

(五)编辑部对拟用稿件将在收到来稿后一个月内向作者发出稿

件录用通知，作者逾期未收到通知，可自行处理。编辑部对来稿有修改权，不同意修改的稿件请在来稿中声明。

（六）来稿请勿一稿多投。

（七）为加强学术交流，本刊将加入中国期刊网（CNKI）等网络数据库，将以电子期刊、光盘版等方式转载所刊论文，如作者有异议，请于投稿时说明，未加以说明者视为同意授权。

二　联系方式

《中亚研究》编辑部地址：兰州市天水南路222号兰州大学中亚研究所，邮编730000，电子邮箱：zhongyayanjiu@126.com

三　文本规范

向《中亚研究》投稿时请注意以下文本规范。

（一）来稿要求格式规范，文稿的基本著录格式为题名、姓名、作者单位、摘要、关键词、作者简介、正文等。若来稿为课题研究成果，可注明课题级别、名称、主持人及课题批准号等信息。

（二）[题目] 应简明、确切，概括文章的要旨。一般不超过20个汉字。小三号黑体字。

（三）[中文摘要] 以400字左右为宜，概述论文的主要内容与观点。五号楷体。

（四）[关键词] 可选3-6个，反映文章的类别及最主要内容，以分号隔开。五号楷体。

（五）[作者简介] 注明姓名、学位、单位（邮编）、职务、职称、研究方向、联系电话、电子邮箱。五号楷体。

（六）[正文] 以8000-30000字为宜，正文应中心明确，分层论述。各层次标题格式为一级标题：一……；二级标题：（一）……；三级标题：1……；四级标题：（1）……；五级标题①……。一般三至四级标题为宜，不超过五级。正文字号字体均为五号宋体，行间距为固定值20磅。一级标题应加黑居中。

（七）引用文献及注释均采用脚注的方式，每页重新编号，行间距为固定值12磅。具体注释请参考《中亚研究》注释示例。

《中亚研究》引文注释规范

1. 中文注释

对文章中所引用的资料第一次进行注释时,必须将该文献的作者姓名、文献名、出版社、出版时间、资料所属页码一并注出。再次引用同一资料时,著作只需注明作者姓名、文献名和页码,文章则仍需完整信息。具体格式举例如下:

(1)专著

赵常庆:《中国与中亚国家合作析论》,社会科学文献出版社 2012 年版,第 25 页。

(2)译著(务必写上作者的国籍)

[美]汉斯·摩根索:《国家间的政治——为权力与和平而斗争》,杨岐鸣等译,商务印书馆 1993 年版,第 30 页。

(3)论文

赵华胜:《中国中亚外交的理论与实践》,《国际问题研究》2007 年第 4 期。

(4)析出文献

孙壮志:《中国与中亚国家建交 25 年关系发展:成就与前景》,载孙力主编《中亚国家发展报告 2017》,社会科学文献出版社 2017 年版,第 27 页。

（5）报纸

冉永平、刘丰：《打造能源新丝路：中国石油与中亚地区能源合作纪实》，《人民日报》2014年11月10日第19版。

（6）学位论文

李亮：《上海合作组织扩员研究：过程、影响及其应对》，博士学位论文，兰州大学，2018年，第25页。

（7）会议论文

白云真：《国际关系学科中美国知识霸权的探讨》，第二届中国国际关系学会博士论坛会议论文，中国社会科学院研究生院，2017年5月12日。

2. 外文注释（以英文为例，英文单词每个首字母都大写，介词除外）

同中文注释的要求基本一致，只是文章名用引号，书名和期刊/报纸名用斜体，专著需要注明出版地。再次引用同一资料时，只需注明作者姓名、文献名和页码。具体格式举例如下：

（1）专著

Alexander Cooley, *Great Games and Local Rules：The New Great Power Context in Central Asia*, London：Oxford University Press, 2012, p. 33.

（2）论文

Tim Dunne, "New Thinking on International Society," *British Journal of Politics and International Relations*, Vol. 3, No. 2, 2001, pp. 223 – 244.

（3）文集中的文章

Steve Smith, "New Approaches to International Theory," in John Baylis and Steve Smith, eds., *The Globalization of World Politics*, Oxford：Oxford University Press, 1998, pp. 169 – 170.

（4）报纸

Henry A. Kissinger, "Nixon's Key Adviser on Defense", *The New*

York Times, December 3, 1968.

(5) 学位论文

Richard W. Weitz, "NATO after the Cold War: State Behavior in a Changing World Order", PH. D. Dissertation, Cambridge: Harvard University, 1993.

(6) 研究报告

"United Nation Register of Conventional Arms, Report of the Secretary General," UN General Assembly Document A/48/334, October 11, 1993.

(7) 档案

Nixon to Kissinger, February 1, 1969, Box1032, NSC Files, Nixon presidential Material Project (NPMP), National Archives Ⅱ, College Park, MD.

3. 互联网资料注释

互联网资料格式需要注明作者姓名（如果有）、文献名、详细的网址以及访问时间。具体格式举例如下

《中国的能源政策（2012）》白皮书，

http://www.nea.gov.cn/2012 - 10/24/c_ 131927804.htm，访问时间：2021 年 4 月 26 日。

The United Nations, "Transforming Our world: The 2030 Agenda for Sustainable, Development," https://sdgs.un.org/2030agenda，访问时间：2021 年 4 月 26 日。